MANUEL
D'AGRICULTURE PRATIQUE,

A L'USAGE DES

FERMES DE TRENTE HECTARES,

RÉDIGÉ, SUR LA DEMANDE DE L'ACADÉMIE

DES SCIENCES, AGRICULTURE, ETC., DU DÉPARTEMENT DE LA SOMME,

Par M. SPINEUX,

L'UN DE SES MEMBRES,

ET PUBLIÉ PAR LES SOINS DE LA MÊME SOCIÉTÉ,

AVEC LE CONCOURS DU COMICE AGRICOLE

DE L'ARRONDISSEMENT D'AMIENS.

> Parmi les terres cultivées, il est peu de mauvaises terres ; mais elles ont souvent de bien mauvais maîtres.

AMIENS,

IMP. DE DUVAL ET HERMENT, PLACE PÉRIGORD, 1.

1841.

D

L'

assur

les i

pou

ci le

D

de la

leur

beso

A

plus

scie

prou

que

C

diver

qui l

C

rend

l'atn

C

d'é

MANUEL
D'AGRICULTURE PRATIQUE,

A L'USAGE DES

FERMES DE TRENTE HECTARES.

1. *Introduction.*

L'art de cultiver les champs, l'agriculture, est assurément la première, la plus importante de toutes les industries, puisque presque toutes les autres ont pour but de mettre en œuvre les matières que celle-ci leur fournit.

Dans l'état de société des hommes, de servitude de la plupart des animaux; c'est l'agriculture qui leur procure des aliments, qui pourvoit à leurs besoins.

A aucune autre industrie, on ne saurait faire une plus grande et plus utile application des arts ou des sciences que les hommes ont acquis, et pour le prouver, il suffit d'examiner un moment, tout ce que devrait connaître le cultivateur.

C'est la chimie par rapport aux effets, que les divers fumiers et engrais produisent dans la terre qui les a reçus.

C'est la physique afin que le cultivateur puisse se rendre compte de l'influence, et des variations de l'atmosphère sur la végétation.

C'est la minéralogie qui lui donnerait les moyens d'étudier, de connaître l'essence de chaque terre de bien comprendre l'action des sous-sols, et leur influence sur le sol.

C'est la botanique qui lui ferait apprécier les lois de la végétation, la manière d'être, les exigences de chaque plante.

C'est la mécanique qu'il pourrait appliquer aux instrumens aratoires, qui lui permettrait d'en raisonner la structure, et de ménager par là le tirage des animaux.

C'est l'art vétérinaire qui le mettrait à même de prévenir les maladies des bestiaux, de les secourir dans les nombreux accidents dont ils sont frappés.

Quel autre industriel aurait besoin de connaitre simultanément autant de choses ? et pourtant, la plupart de nos cultivateurs ne savent pas lire !

Chacune des sciences qui viennent d'être enumérées, exige la vie d'un homme pour être étudiée avec quelque profondeur, et presque tous nos campagnards sont enlevés à l'étude dès l'âge de 8 à 10 ans !

Doit-on encore s'étonner, si l'agriculture, cette immense industrie, reste quasi stationnaire, et ne suit pas l'impulsion des autres industries ?

Loin de nous la prétention de faire un petit savant de chaque villageois, il n'en aurait d'ailleurs, ni le temps ni les moyens. Nous avons voulu seulement par ce peu de mots relever l'agriculture aux yeux des hommes sérieux, prouver que cette industrie exercée généralement par des hommes peu instruits, est au contraire celle qui demanderait le plus d'instruction. Qu'elle ne méritait pas enfin, l'espèce d'abandon, de dédain, avec lequel on semblait jusqu'ici l'avoir traitée.

Avec ces pensées, qu'il nous soit permis de demander, pourquoi l'administration qui comprend si bien le genre d'instruction convenable à chaque classe de citadins, ne met-elle pas dans les mains de nos jeunes campagnards, un livre élémentaire d'agriculture, en même temps qu'un livre religieux?

Ne sait-on pas qu'au village, les salaires sont modiques, et les besoins des parens tels, qu'ils sont forcés d'utiliser leurs enfans dès l'âge le plus tendre? Or ceux-ci ont à peine deux ou trois courts hivers à fréquenter les écoles. Combien ne leur faut-il pas d'aptitude pour apprendre seulement à lire, à écrire, à calculer en aussi peu de temps!

Pourquoi donc ne pas leur donner bien vîte quelques notions indispensables sur l'agriculture dont ils doivent s'occuper activement toute leur vie? N'est-il pas vrai, que toute étude théorique leur devient pour ainsi dire impossible, quand ils arrivent à l'âge de pratique? Il y a évidemment ici une lacune dans l'instruction primaire donnée aux enfants des campagnes. On l'a déjà signalée, espérons quelle sera bientôt comblée.

2. *Des manuels d'agriculture.*

Un manuel d'agriculture d'une application générale à toujours paru impossible aux hommes versés dans les connaissances pratiques de cet art.

C'est du reste, ce que M. le Ministre du commerce en demandant six manuels pour toute la france, semble aussi avoir compris. Disons plus, ces six manuels généraliseront encore trop les procédés de culture pour atteindre leur but et être vraiment utiles à tous nos départements. Quand on considére en effet, combien les divers arrondissements d'un même département diffèrent déjà entr'eux, par la variété du sol, par la différence des sous-sols, par les habitudes des habitans, par les débouchés offerts à leurs produits; on peut croire que ce ne serait pas trop d'un manuel par département.

Si on arrivait cependant à obtenir un traité élémentaire d'agriculture pratique spécialement destiné à chaque département, on hâterait singulièrement les progrès agricoles, cela paraît incontestable. Ce n'est pas qu'on manque d'ouvrages d'un grand savoir, d'une haute portée, non, c'est leur application suivant les localités qui devient difficile. C'est que généralisant toujours trop, il faut déjà beaucoup connaître, pour les pouvoir utiliser. Voilà les raisons sans doute qui ont engagé l'Académie d'Amiens à demander avec tant de persistance un manuel d'agriculture théoriqne et pratique à l'usage du département de la Somme, et ce dont il faut bien sincèrement la féliciter.

3. *Pourquoi ce manuel est destiné, surtout aux fermes de* 30 *hectares*?

L'Académie a demandé avec raison selon nous, un manuel applicable, surtout aux fermes de 30 hectares. Parce qu'en fait, une trop grande exploitation ne saurait produire à aussi bon marché qu'une moyenne.

Chez celle-là, les travaux souvent contrariés par le mauvais temps, s'y exécutent rarement au moment opportun, en saison convenable.

Le grand nombre d'ouvriers étrangers à la famille du cultivateur, trop peu intéressés directement au succès de la ferme, rendent la main-d'œuvre couteuse, la surveillance du maître difficile.

La récolte s'y opère lentement, et court ainsi, de plus grandes chances de perte, de gaspillage.

La petite culture par des raisons opposées, a aussi de graves inconvénients. Trop divisée elle est contrariée par la culture différente des terres qui avoisinent les siennes. Ses petits champs, souvent éparpillés sur toute l'étendue d'un territoire, font perdre beaucoup de temps aux manouvriers, aux laboureurs qui s'y rendent, l'exiguité de ces champs est parfois telle qu'on n'y saurait employer les animaux, les instruments aratoires qui abrègent le travail de la terre.

Tandis que la moyenne culture partage les avantages de la grande et de la petite culture, sans en avoir les inconvénients.

Elle peut comme la premiére se servir partout d'instruments perfectionnés, et comme la seconde, faire exécuter presque tous ses travaux par les membres de la famille, ou exercer du moins sur les rares ouvriers qu'elle emploie, une surveillance de tous les instans.

Voilà pourquoi ce manuel est destiné aux fermes de 30 hectares, pourquoi nous pousserions à l'établissement de moyennes exploitations, si heureusement, elles n'existaient déjà dans notre département. Si ces raisons n'étaient pas convaincantes, nous citerions à leur appui, l'exemple des fermes de Flandre et de Belgique qui atteignent rarement 25 à 30 hectares de culture, et qu'on peut citer comme des modèles en tous genres.

4. *Abrégé statistique du département de la Somme.*

Le département de la Somme auquel ce manuel est particulièrement destiné, est situé au nord de la France.

Sa témpérature assez inégale d'ailleurs, dépasse rarement 20 degrès centigrades au-dessus de zéro, et ne descend guère au-dessous de quinze degrès pendant l'hiver.

Son sol est assez varié, il se compose d'argile, de craie, de sable, de tourbe, mélangés à diverses proportions, il contient souvent du silex. Sans offrir ni vallées larges et profondes, ni côtes fort élevées, la surface du département est pourtant assez irrégulière, entrecoupée de plus de trente riviéres, il n'y a guère que la Somme qui soit navigable. Les contrées les plus fertiles sont le Santerre, le Vimeux, le Ponthieu, le Marquenter, une partie du Vermandois.

Les vents d'ouest, nord-ouest soufflant fréquemment, amènent des pluies qui contrarient beaucoup les travaux champêtres. Le vent nord-est dure moins long-temps que les deux précédens, cependant, quand il souffle, la végétation souffre et languit. Presque partout les labours sont faits par des chevaux. On en attèle communément quatre à une charrue. Cette grande force de tirage est due à plusieurs causes; à la construction défectueuse des charrues du pays, à l'habitude de laisser les chaumes passer l'hiver, au manque d'engrais, de fumier qui contribuent tant à la tenacité des terres.

Entouré des départemens du nord, du Pas-de-Calais, de la Seine Inférieure, de l'Oise, et de l'Aisne; le département de la Somme est moins avancé qu'eux en agriculture; il aura donc fait un progrès notable le jour où il pourra marcher de pair avec eux.

La nature du sol, le climat, le caractère des habitans, les débouchés ne diffèrent pas essentiellement de ceux de ces six départemens; or, si sa fécondité est moins grande, il faut l'attribuer en grande partie à ce que l'agriculteur payant plus d'impôts, manque généralement d'instruction et d'argent. Par là, il se trouve privé des connaissances et du bétail, qui lui seraient nécessaires pour rivaliser avec ses voisins.

Les réclamations incessantes du Conseil-général, celles des institutions agricoles du département, obtiendront il faut l'espérer justice de la surcharge d'impôt dont notre agriculture se trouve frappée ; quant à l'instruction, aux connaissances à propager, le zèle de l'administration, son expérience, ne tarderont pas à combler la lacune que nous avons signalée plus haut, et mettront bientôt sans doute, nos campagnards à même de rivaliser avec leurs voisins.

5. *Du Sol.*

Ordinairement on dit tant vaut l'homme, tant vaut la terre, on dit encore il est peu de mauvaises terres, mais elles ont souvent de mauvais maîtres.

Ces adages sont vrais sans doute ; s'ils ne l'étaient pas, verrait-on cette anomalie de terrains médiocres, même de mauvaise qualité, chargés de belles récoltes, tandis que des contrées dont la terre passe pour être de bonne qualité, ne donnent au contraire que de médiocres produits, et nourrissent mal leurs pauvres habitans ; à quoi tiendrait cette différence ? si ce n'est au discernement, à l'habileté de quelqnes cultivateurs dont les bonnes méthodes ont été comprises et imitées.

Si on observe bien, on reconnaitra aisément, que c'est à l'intelligence des ressources du pays, au nombre des bestiaux, à l'appréciation des engrais, des assolemens, à l'activité agricole des habitans placés sur de médiocres terrrains qu'est dûe leur fertilité ; et cela, quand il n'est pas rare de voir l'apathie des habitans placés sur les meilleurs sols, détruire tous les avantages d'une heureuse position. Il serait donc vrai, qu'à peu d'exception près, avec des bestiaux, des engrais, des soins, du travail, avec l'argent surtout qui procure tout cela, toutes les terres cultivables, sont susceptibles de donner de grand produits.

Certaines terres à la vérité, coûtent plus pour produire que d'autres ; mais il faut dire aussi que la différence de fermage et d'impôt, balance et équilibre en quelque sorte ce désavantage.

6. *Du Sous-Sol.*

Le sous-sol est peut-être plus utile à étudier que le sol même.

Les défauts du sol se corrigent à l'aide d'engrais, d'amendement bien entendus, tandis qu'il n'est guère possible de corriger les défauts du sous-sol.

Est-il trop compact? l'eau ne s'infiltre pas assez vite, la terre reste froide, la végétation languit. Est-il poreux? le sol se dessèche, la plante souffre et meurt parfois sur pied.

Un bon sous-sol peut améliorer un sol médiocre, même mauvais; mais un excellent sol peut être improductif par les défauts du sous-sol.

Le meilleur parti à tirer du sol placé sur un mauvais sous-sol, c'est de le cultiver en prairie naturelle.

7. *Du Sol et Sous-Sol.*

Le sol et le sous-sol se composent d'argile, de craie, de sable, de tourbe, accompagnée souvent de cailloux, et mélangée à diverses proportions, de deux, trois et même quatre de ces substances; et suivant la substance qui domine dans la composition des sols et sous-sols, ils sont légers, compacts, ou francs.

La fertilité peut bien dépendre de la composition plus ou moins heureuse de la terre, elle dépend encore de la quantité d'humus que la terre contient; mais elle dépend surtout des fumiers ou engrais plus ou moins abondans qu'on lui donne, et de leur habile application. On peut dire en principe. Les terres légères et placées sur un sous-sol convenable sont particulièrement propres à la production des grains de Mars.

Les terres fortes conviennent mieux à la culture des grains de saison.

Il y a parmi les grains de mars ou de saison, un choix à faire suivant l'espèce de terre où ils doivent être cultivés. Ce choix sera naturellement indiqué dans chacun des quatre tableaux d'assolement qui suivent.

8. *Des Fumiers.*

C'est par les fumiers, les engrais, les amendements, c'est par leur intelligente application, qu'on parvient à corriger les défauts des terres.

En général, les terres fortes demandent des fumiers longs, pailleux, des amendements qui les divisent, qui agissent en même temps et mécaniquement et onctueusement. En raison de leur tenacité, elles ont autant besoin d'être divisées que fumées. Sans cela, elles ne pourraient donner aux plantes la liberté, et la nourriture nécessaires à leur développement.

Les terres légères au contraire demandent des fumiers courts, des composts, des cendres, des tourteaux, de la suie, des engrais liquides. Enfin, tout ce qui peut leur donner la liaison, la consistance, qui leur manque, en même temps que la nourriture dont les plantes ont besoin.

Il convient donc dans les terres fortes de conduire le fumier au sortir des étables ; et dans les terres légères, de conduire le fumier après une faible fermentation éprouvée en tas.

Il faut à ce sujet, signaler le mauvais état, la mauvaise disposition des écuries, des étables, des cours d'une bonne partie des cultivateurs.

La plupart des écuries ne sont ni aérées, ni pavées d'une manière convenable.

Le devant des chevaux est presque toujours trop bas, il y a dès inégalités sur le sol où croupit l'urine.

Les étables sont aussi mal tenues, peu aérées

l'été, garnies de mauvaises crêches, le sol sans pavé, sans pente, permet difficilement l'écoulement des déjections. On est souvent désagréablement affecté, en entrant dans les écuries, ou les étables de nos campagnes, des exhalaisons qui frappent la vue et l'odorat.

C'est à ces mauvaises dispositions on n'en saurait douter, comme au trop long séjour des litières sous les animaux qu'il faut attribuer la cécité d'un grand nombre de chevaux, et c'est à la même cause que sont dues la plupart des maladies, des avortements qui frappent les vaches, les moutons et les porcs.

Une écurie bien construite doit avoir son ratelier, sa mangeoire placés au midi. Elle doit être aérée par des ouvertures longues et étroites pratiquées au-dessus du ratelier. Le sol pavé, ou tout au moins égalisé, doit avoir une pente de 18 à 20 centimètres (6 pouces) de la tête à la queue des chevaux. Une rigole pavée ou maçonnée établie derrière eux pour l'écoulement des urines, doit communiquer à un trou ou citerne assez grand pour les contenir un certain laps de temps. La litière des chevaux doit se faire chaque jour.

Les étables bien construites doivent être doubles en profondeur. Avoir des abats jours pour l'été, et des lucarnes pour les aérer à volonté.

Le sol peut se passer d'une forte pente, mais il doit être pavé, ou du moins bien uni. Une rigole pour l'écoulement des urines construite en briques et placée au milieu de l'étable, doit communiquer aussi à une fosse à purin. La litière des bêtes à corne doit être renouvellée tous les jours.

Les bergeries construites à claires voies, fermées par des volets pour les aérer à volonté, ne doivent être ni trop vastes, ni trop petites, ni trop hautes, ni trop basses. 7 mètres carrés sur 2 1/2 à 3 mètres de hauteur sont une bonne proportion à leur donner.

Le milieu, le tour des bergeries doivent être garnis de rateliers droits avec crèches dans le bas. Par cette disposition les moutons évitent de salir leurs toisons en mangeant, comme ils le font avec les rateliers renversés. La litière des moutons doit être renouvellée tous les huit jours au plus tard.

Les porcheries ont besoin d'une grande propreté et c'est en général ce qui leur manque. La litière sans cesse remuée par les porcs, se mouille, se broie ; aussi a-t-elle besoin d'être renouvellée souvent : au moins une fois par jour. Nous recommandons les auges en pierre, comme plus faciles à nettoier, ne communiquant pas aussi vite un goût désagréable au manger et résistant mieux à la destruction que les auges en bois.

9. *Conservation des Fumiers.*

Pour conserver les fumiers, nous ne connaissons rien de mieux que le moyen suivant.

Selon l'importance de la ferme, on pratique une fosse carrée d'environ 66 centimètres (2 pieds de profondeur) communiquant avec la fosse à purin, chaque jour on conduit dans cette fosse la litière des bestiaux, avec le soin de l'épandre en couche carrée, et de manière à laisser tout autour, entre la couche et les parois de la fosse, une distance de 50 centimètres (1 pied 1[2) environ. Une petite saignée, ou mieux encore une petite rigole en maçonnerie de 15 à 16 centimètres (soit 5 à 6 pouces) en tous sens, communique de la fosse au fumier, à celle au purin, par ce moyen le trop plein de l'une se vide dans l'autre et chaque fois que le fumier a besoin, pour ne pas se brûler d'être arrosé, on rejette sur la couche le purin du fumier, ou celui de la fosse à purin.

Comme on ne saurait apporter trop de soins á la conservation du fumier puisque c'est l'âme de l'agriculture, il serait bon d'établir une fosse à fumier pour chaque écurie, étable ou bergerie.

Chaque espèce de fumier serait ainsi séparée, et comme selon l'espèce de bétail qui le fournit, le fumier a des qualités qui lui sont propres ; on pourrait suivant leur exigence, appliquer à chaque terre, à chaque plante le fumier qui lui convient le mieux.

Le fumier du cheval par exemple est chaud, il se décompose vivement, il convient donc particulièment aux terres froides.

Le fumier de mouton moins chaud, se décomposant plus lentement que celui du cheval, convient conséquemment à presque toutes les espèces de terres et de plantes.

Le fumier de bœuf, de vache est froid, fermente lentement. Il convient dès lors aux terrains chauds et légers.

Le fumier du porc passe pour avoir peu de qualité, aussi l'emploie-t-on de préférence au pied des arbres fruitiers, il y á peut-être prévention à son égard. Il est d'ailleurs produit en si faible quantité, relativement aux autres fumiers, qu'il peut sans inconvénient être mêlé avec eux.

10. *Des engrais et amendemens.*

Par la raison qu'on manque de bestiaux dans nos campagnes, on n'y devrait négliger aucun moyen de suppléer au fumier qu'on ne fait pas.

Le purin sortant des cours, coulant dans les rues de nos villages pour se rendre aux mares, aux abreuvoirs, est non-seulement une perte d'engrais considérable, mais une cause d'insalubrité pour les habitans, comme pour les animaux.

Les décombres qui parfois interceptent les passages, non-seulement gênent la circulation, mais contiennent des sels très-favorables, et cependant perdus pour la végétation.

La boue des rues, la vase des mares, des fossés, les balayures des maisons, les épluchures que le bétail ne consomme pas, devraient toujours être mises en tas avec de la terre, des joncs, des roseaux, des débris de couverture de chaume, de la suie, des fânes vertes de végétaux, de la chaux, des cendrettes de chaux etc. afin de former ces composts qui ont tant d'action sur les terres de toute espèce.

Le marnage ne saurait être trop recommandé, lorsque sous un terrain argileux, compact, la marne se trouve à une profondeur raisonnable du sol. C'est un moyen de division, d'amendement peu coûteux et dont les effets durent long-temps.

Il faut le répéter, en fait de fumier, d'engrais, d'amendement, rien n'est à négliger, à dédaigner, tout doit se recueillir.

Il y a santé, salubrité pour le cultivateur à le faire! il y a profit pour l'agriculture.

Dans les terrains compacts, l'emploi du fin gravier enlevé sur les routes et dont souvent les cantonniers sont embarrassés, produit un fort bon effet.

La colombine ou fiente de pigeon, de volaille, est le plus énergique des engrais. Pour en tirer tout le parti possible, on bat cette colombine jusqu'à ce qu'elle soit réduite en poudre, on y mêle trois à quatre fois son volume de cendre de tourbe, cendre de houille, de chaux. C'est pour toutes les plantes l'engrais par excellence, surtout pour la pomme de terre. Cet engrais se sème à la main.

Il en est de même des poudrettes, du noir de raffinerie, des tourteaux dont nous recommandons vivement l'emploi.

Il est bien regrettable que chaque habitant de ce

département n'ait pas comme en Flandre, des lieux destinés à recevoir les déjections humaines. Il sera parlé de leur construction économique à la fin de ce manuel.

11. *Des assolemens.*

Un bon assolement consiste :

A placer sur chaque espèce de terre, les végétaux qui lui conviennent le mieux.

A varier autant que possible les productions de la terre pour ne pas trop la fatiguer.

A alterner sur la même pièce de terre la culture des racines, fourrages, plantes textiles, céréales, de telle sorte que deux plantes de même nature ne se succèdent pas sans interruption.

A intercaler avec certaine régularité les plantes sarclées parmi les autres productions; afin de maintenir la terre dans un bon état de propreté.

A répartir le plus également possible les fumiers, engrais, amendements dont le cultivateur peut disposer.

A s'assurer une quantité suffisante de foin, fourrage, paille, racines et autres nourritures nécessaires au bon entretien des bestiaux.

A choisir enfin suivant la localité, les producductions dont la culture procure le plus d'argent, après avoir amplement satisfait aux besoins des gens de la ferme, et à la nourriture du bétail.

D'après cet énoncé, on comprend qu'il peut et doit y avoir une multitude de combinaisons dans les assolements, et qu'à la rigueur, on ne saurait approuver ni désapprouver un assolement sans bien connaître la nature du terrain et les ressources des lieux où il est en usage.

Cependant, on ne peut guère se tromper en signalant partout comme défectueux, l'assolement basé sur la culture du blé, de l'avoine, de la jachère improductive, autrement dit l'assolement triennal suivi généralement encore.

Pour ne pas trop heurter les habitudes des cultivateurs, qui ne verraient pas sans répugnance et sans inquiétude diminuer leur sole à blé, nous avons dû momentanément adopter l'assolement alterne, combiné avec l'assolement triennal sans jachère. Nous eussions préféré l'assolement quadriennal sans aucun doute, mais en pratique, il faut s'arrêter au possible. Nous reconnaissons d'ailleurs qu'il y aurait de sérieuses difficultés à vouloir l'introduire trop brusquement ainsi que nous l'expliquons plus loin.

L'assolement proposé ici, supprime la jachère morte, permet l'intercallation des plantes sarclées, la culture des prairies artificielles dans une proportion raisonnable, le voir généralement adopté serait déjà un véritable progrès.

Laissons au temps le soin d'en faire adopter un plus parfait.

La suppression des jachères est un avantage réel, mais pour les supprimer avec succès il faut que le cultivateur sache bien, que non-seulement il lui faudra une plus grande quantité de bestiaux, mais qu'il lui faut de toute nécessité introduire les sarclages dans sa culture, s'il n'en a pas encore l'usage.

Sans ce travail, l'abondance des fumiers, produira plus de plantes parasites qu'auparavant, et la terre n'ayant plus cette année de repos ou de jachère penpendant laquelle de nombreux labours d'été détruisaient les mauvaises herbes, comme le font les sarclages ; au lieu d'améliorer sa culture, le cultivateur verrait plus que jamais enherber sa terre et diminuer ses récoltes.

C'est pour n'avoir point compris cela, que certains cultivateurs, après avoir essayé de supprimer la jachère, se sont découragés ; et en sont revenus à leurs premiers errements. Quelque soit d'ailleurs l'assolement préféré, il nous semblerait peu sensé de vouloir le faire adopter par tous les agriculteurs, puisque l'expérience démontre chaque jour qu'il n'y a rien d'absolument bon en agriculture ; et que tout procédé, tout instrument, tout engrais n'a jamais qu'une bonté relative. Disons donc qu'il n'y a guères d'assolement que l'agriculteur ne puisse et ne doive modifier suivant ses sessources, et sa localité. Cependant disons aussi, qu'il y a des principes dont il ne saurait entièrement s'écarter, sans risquer sa ruine, ou sans végéter du moins dans une misérable existence.

Ces principes peuvent se résumer ainsi, *fumer*, *nettoyer*, *varier*, puisque tout succès en agriculture, a toujours été le résultat de l'intelligente application de ces trois mots.

12. *Fumer la terre.*

Fumer la terre, ce n'est pas seulement lui donner tous les fumiers possibles, épandre sur elle tous les engrais, les amendements dont on peut disposer ; c'est le faire avec intelligence. C'est donner à chaque espèce de terre et en temps opportun, le fumier, l'engrais, l'amendement qui lui convient spécialement.

Une terre est-elle trop compacte, difficile à diviser, à ameublir, donnons lui des fumiers longs, pailleux et au sortir des étables, marnons là. Portons lui des décombres, des sables, enfouisons des récoltes vertes de seigle, d'orge, de sarrasin.

Cultivons nous au contraire, une terre légère, peu consistante; donnons lui du fumier court, ayant déjà fermenté en tas. Ne lui ménageons pas la cendre, les tourteaux, les poudrettes, le noir de raffinerie, les composts de toute nature, le purin.

Voilà ce que nons entendons par fumer la terre.

Il est évident qu'en portant du fumier long, pailleux sur une terre légère, on augmente encore sa légèreté : et qu'en portant au contraire, du fumier court sur des terres fortes, compactes, le fumier jouera bien comme engrais, mais il n'agira pas mécaniquement en divisant la terre, comme le ferait du long fumier.

Ce peu de mots nous semble donner une idée suffisante de la théorie des engrais.

13. *Nettoyer la terre.*

Il y a deux manières de nettoyer la terre.

La plus ancienne, la plus onéreuse s'opère par les labours faits pendant l'été sur la terre en jachère.

La plus convenable, la plus avantageuse s'opère par le sarclage ou nettoiement des plantes semées en jachère.

Ce dernier mode est le plus avantageux, parce que la terre ne cesse pas de produire, tandis que l'autre oblige à laisser la terre en repos une année sur trois.

Les labours, les hersages donnés pendant l'été à une terre en jachère, détruisent comme nous l'avons déjà dit une grande partie des plantes parasites qui y germent.

Ainsi, le blé semé en automne sur de la terre bien préparée, se trouve à la vérité débarassé des herbes qui auraient nui à son développement. Mais remarquons que ce nettoyage est bien cher, puisqu'il coûte au cultivateur une récolte sur trois, aussi chacun aujourd'hui conseille-t-il l'abandon des jachères.

Ce conseil est bon assurément. Mais combien de gens le donnent sans savoir à quoi il oblige. Combien peu savent que la culture sans jachère donne beaucoup plus de travail à l'agriculteur, qu'elle exige bien plus de bestiaux, d'engrais, de dépenses, de surveillance ; qu'elle nécessite enfin des ouvriers habitués à sarcler, que c'est là une véritable et grande difficulté.

Dans le Nord, le Pas-de-Calais, les vieillards, les femmes, les enfants savent sarcler. Mais dans notre département les sarcleurs sont encore bien rares. On est souvent forcé d'appeler des sarcleurs étrangers, le sarclage coûte conséquemment plus cher, et n'est pas toujours eonsciencieusement fait. Cependant, comme le prix des fermages tend chaque jour à s'élever, comme les impôts sont loin de diminuer, c'est en améliorant la culture, en augmentant ses produits, en supprimant l'improductive jachère enfin, que le cultivateur pourra désormais payer le fermage exigé, et faire quelque bénéfice.

D'un autre coté, en supprimant la jachère, il lui faudra plus d'argent pour faire de plus grandes avances à la terre, il lui faudra plus de bestiaux pour fumer d'avantage, avec plus de fumier il aura plus de plantes parasites sur ses champs, et comme il n'aura plus pour les détruire cette année de repos pendant laquelle il les nettoyait en les labourant, en les hersant sans relache ; il y aura nécessité absolue pour le cultivateur de remplacer la jachère par des plantes sarclées. A cet effet, il devra montrer à sarcler aux vieillards, aux femmes, aux enfants de sa commune, en se servant d'abord des sarcleurs étrangers comme moniteurs, et en surveillant personnellement ces travaux. Cela est assujétissant, cela est pénible sans doute, mais il faut avoir le courage, la patience de le tenter et l'on réussira. Le succès est à ce prix. L'expérience prouve d'ailleurs, qu'une fois les ouvriers du pays familiarisés avec ce travail, ils ne vont aux champs que quand le temps et le cultivateur le permettent, ce qui est un point essentiel, et bientôt ils ne le cèdent pour l'habileté, pour l'économie à aucun sarcleur étranger.

14. *Varier les productions de la terre.*

La terre parait se fatiguer à donner toujours le même produit.

On a remarqué que les forêts à la longue, changeaient et renouvelaient l'essence de leurs bois. L'expérience prouve encore que du blé remis sur du blé sans interruption, même dans une terre convenablement fumée, ne donne à la seconde année qu'une faible récolte; tandis qu'une terre négligée d'engrais, mais où le blé se produit à de longs intervales, donne une récolte satisfaisante. On sait aussi que le terrain sur lequel on cultive pour la première fois une plante qui ne lui répugne pas, si les soins ont été convenables, donne une abondante récolte, et des produits d'une qualité supérieure. Tous ces faits n'indiquent-ils pas que la terre fournit à chaque espèce de plante, une substance qui lui est propre? Qu'elle a ensuite besoin de temps pour recomposer cette substance, et la fournir de nouveau?

Varier devient donc indispensable dans toute culture d'où la jachère est bannie. Et tout en variant, il faut bien observer de faire précéder le blé par une plante sarclée et fumée, afin que ce blé trouve un fumier encore suffisant, et de la terre nette ainsi que la lui eût donné la jachère, si elle n'avait été supprimée.

15. *Base d'Assolement.*

Avant d'établir un assolement, il faut être bien fixé sur le nombre, sur l'espèce de bestiaux qu'on doit entretenir dans une exploitation, car ces bestiaux doivent varier suivant la localité, comme suivant l'importance de la ferme.

Or, ne perdons pas de vue que nos calculs sont faits pour une culture moyenne, de 30 hectares, 70 journaux de 41 ares environs; d'aprés cela, il devient possible de diminuer ou d'augmenter les nourritures de tout genre, pour les mettre en rapport avec le nombre et l'espèce de bestiaux nécessaires à une exploitation quelconque; puisque ceux-ci doivent à leur tour, être en rapport constant avec la quantité de terres mises en culture. Ainsi, un fermier au lieu de 30 hectares, en cultive 40, il augmente d'un quart son bétail et leurs nourritures; au lieu de 30 hectares, n'en cultive-t-il que 20; il fera en sens inverse, le même raisonnement et le même calcul.

Prenons pour base qu'une exploitation de 30 hectares de terre a besoin de :

4 chevaux,
8 vaches,
50 à 60 moutons,
4 porcs, une truie.

En calculant raisonnablement ce qu'il faut de fourrage, foin, racines, grains, paille pour bien entretenir ces bestiaux, nous trouvons que :

Un cheval est bien nourri avec 3 bottes de foin ou fourrage, 1 botte de paille. 10 litres d'avoine, par jour.

Une vache en moyenne, consomme par jour, une botte et demie de foin, de fourrage, ou bien l'équivalant en nourritures vertes et racines, plus, les paillettes de blé et d'avoine, du tourteau, et une botte de paille pour litière.

Un mouton auquel on donne en moyenne, à l'étable 1/4 de botte de foin, de fourrage, ou l'équivalant en racines, tourteau ou verdures par jour, sans y comprendre la vaine pâture ni une botte de paille par 10 têtes pour litière, est convenablement nourri,

Les cinq porcs auxquels ou donnerait une bonne partie de pommes de terre, du seigle, des bisailles de la pamelle récoltés dans l'année, sans compter le petit lait de la ferme seraient bien nourris.

La botte de foin, de fourrage est supposée du poids moyen de 6 kilog. et la botte de paille de 5 kilog.

D'aprés ces données, nous pouvons récapituler maintenant les nourritures à demander à notre assolement.

16. *Consommation de foin, fourrage sec ou vert, racines, etc.*

Ramenés à l'état de foin sec et calculés par bottes du poids de 6 kilogrammes,

4	chevaux à 3 bottes de foin ou fourrage par jour, pour l'année	4,380	bottes.
8	vaches à 1 botte 1/2 de foin id. id	4,380	
55	moutons à 1/4 de botte de foin id. id.	5,019	
	Total. . .	13,779	bottes.

Production de foin, fourrage, etc.

Notre assolement pour terres fortes, contiendra en nourritures diverses pour les bestiaux,

6	j.x ou arp. de 41 ares	de luzerne permanente à 500 bottes de 6 kilog. par journal en 2 coupes, la 3.e paturée, donnent . . .	3,000	bottes.
8	id.	de trêfle à 450 bottes par journal en 2 coupes	3,600	
4	id.	de féverolles à 450 bottes . .	1,800	
2	id.	d'hyvernache à 450 bottes. .	900	
4	id.	de vesce à 400 bottes . . .	1,600	
2	id.	de betterave allant pour 500 bottes par journal . . .	1,000	
4	id.	de navet allant pour 300 bottes.	1,200	
2	id.	de trêfle anglais allant pour 450 bottes	900	
1	id.	de scourgeon vert allant pour 500 bottes	500	
		Total de la production . .	14,500	bottes.
		Total de la consommation. .	13,779	
		Excédant. . .	721	

Consommation de paille, feurre, glui.

4	chevaux à 1 botte par jour, pour l'année.	1,460 bottes.
8	vaches à 1 botte id. id. . . .	2,920
55	moutons à 1 botte par 10 têtes par jour, pour l'année.	2,008
5	porcs, pour litière pendant l'année . .	1,095
	Total. . . .	7,483 bottes.

Production de paille, feurre, etc.

20	j.x ou arp. de blé et seigle à 350 gerbes par journal	7,000 bottes.
8	id. d'avoine à 200 gerbes par journal.	1,600
	Total de la production . . .	8,600
	Besoins de la consommation .	7,483
	Excédant. . .	1,117 bottes.

Consommation d'avoine.

4 chevaux à 10 litres par jour, pour l'année.	146 hect.
Provende pour les agneaux, si l'on fait des élèves.	14
Total. . . .	160 hect.

Production d'avoine.

8 j.x ou arp. d'avoine à 20 hectol. par journal.	160 hect.
Consommation. . .	160 hect.
Egale. . . .	000

Nous examinerons successivement si, dans chaque tableau d'assolement dressé pour chacune des quatre espèces de terre cultivée dans le département, nous avons comme ici des nourritures suffisantes.

Nous allons maintenant vérifier si nous produisons tout le fumier indiqué dans l'assolement.

17. *Consommation et production du fumier.*

D'après le 1.er tableau d'assolement, nous devons fumer au plus,

8 j.x	de colza repiqué, à raison de 12 voitures à 3 chevaux, par journal.	96 v.res
4 id.	d'œillettes, à raison de 10 id. id.	40
2 id.	de betteraves, id. id. . .	20
2 id.	de féverolles à 12 voitures ou 4 journaux à demi-fumier de 6 voitures. . . .	24
2 id.	de plant de colza à raison de 10 voitures par journal	20
18 journaux.		200 v.res

Il nous faut donc 200 voitures environ de fumier pour 18 journaux.

La voiture est supposée peser 900 à 1,000 kilogrammes.

Production du Fumier.

Pour produire ces 200 voitures de fumier, nous avons à consommer,

14,500	bottes de foin, fourrage, racine, etc. à 6 kilogramm. par bottes	87,000 kilog.
8,600	id. de paille de blé, d'avoine, de seigle, à 5 kil. par bottes.	43,000
2,000	id. de feurre de colza et d'œillette, allant pour . . .	16,000
	Récoltes dérobées en navet, allant pour.	2,000
	Les pommes de terre, tourteau, verdure, allant pour	4,000
	Total. . .	152,000 kilog.

En admettant qu'on ne consomme pas en litière tous les feurres de colza et d'œillette, on aura toujours en échange l'équivalent de 3000 bottes de paille. Nous avons donc grandement de quoi fumer les 18 journaux indiqués dans notre assolement.

Passons maintenant au parcage des moutons.

55 Moutons mis au troupeau commun, doivent donner droit au parcage de 3 à 4 journaux.

En conséquence, on pourra parquer,

2 Journaux de terre sortant de lin, et remis en blé
2 Id. Id. d'hyvernache, id. en blé.
4

Il reste encore la colombine, qui melée à de la suie, à de la cendre de tourbe, à la cendrette de chaux, servira à fumer de compost les 2 journaux de pommes de terre.

Deplus, il faudra cendrer chaque année.

6 Journaux de luzerne
8 Id. de trèfle
2 Id. d'hyvernache ou vesce
2 Id. de trèfle anglais.
18 Id.

Il conviendrait encore de faire jetter du purin, du tourteau, du compost sur les navets dérobés cultivés après l'éteule de blé.

En résumé, il nous parait démontré qu'avec nos ressources, et par notre combinaison d'assolement on peut,

Fumer	18	journaux de colza, œillette, betterave, féverole, plant de colza.
Parquer	4	id. de blé remis sur lin et hyvernache.
Engraisser	4	id. de pommes de terre et navets avec colombine, purin, compost, et tourteaux.
Cendrer	18	id. de luzerne, trèfle ordinaire, hyvernache, trèfle anglais ou farouche.
En tout	44	journaux.

De cette manière, les deux tiers des terres exploitées reçoivent chaque année soit du fumier, du parcage, des cendres, des engrais ou amendements divers, et tout cela sans trop d'efforts, et sans acheter autre chose, qu'un peu de tourteaux et de cendres. Or, de tous les engrais ce sont précisément ceux qu'on se procure le plus facilement. Nous n'avons encore parlé que de la nourriture des bestiaux, de l'engrais des terres, ce n'est pas tout sans doute ; car il faut que le cultivateur fasse argent de quelque chose. Nous y venons. Nous avons dû d'abord nous occuper du bétail, parce que c'est la base de toute prospérité agricole. La question d'argent se produit tout naturellement, tout avantageusement quand cette base est bien assise. Nous allons essayer maintenant de le prouver. Le cultivateur pour faire argent trouvera dans son assolement,

1.°	Les produits de sa basse-cour.		
2.°	20	journaux de blé.	
3.°	8	id.	de colza, ou chanvre.
4.°	4	id.	d'œillette.
5.°	2	id.	de lin.

En tout 34 journaux. Cela ne vaut-il pas autant que les 22 ou 23 journaux de blé qu'il aurait eus par l'assolement triennal avec jachère?

Il fera certainement ici plus d'argent, il améliorera forcément sa terre, sa position ne pourra que gâgner, s'il s'attache constamment à cultiver peu et bien, et s'il a le bon esprit de rester fermier aisé, plutôt que de vouloir devenir propriétaire endetté et besogneux.

Ordre des assolements.

Arrivé à la partie pratique de ce manuel, et pour repondre autant qu'il nous est possible, au programme de l'académie, nous l'avons divisée en six sections.

La première section comprend un tableau n.° 1 d'assolement pour les terres fortes, argileuses.

La deuxiéme section comprend un tableau n.° 2

d'assolement pour les terres légères, sablonneuses.

La troisième section comprend un tableau n.° 3 d'assolement pour les terres craieuses, marneuses.

La quatrième section comprend un tableau n.° 4 d'assolement pour les terres siliceuses, à cailloux.

La cinquième section a rapport à la basse-cour, à ses produits.

La sixième à des refléxions diverses.

Chaque tableau est dressé pour une rotation de 16 ans; et suivant l'ordre de la rotation, se trouvent indiqués pour chaque production, savoir.

L'espèce, la quantité de fumier, d'engrais, d'amendemens à épandre.

Le nombre des labours et autres façons à donner à la terre.

Les époques où ces labours et façons doivent-être faits.

Les instruments aratoires qu'il est préférable d'employer.

La préparation convenable à la semence.

La quantité de semence à jeter, l'époque, le mode d'ensemencement.

La meilleure méthode de récolter, le meilleur système de conservation.

Pour éviter les répétitions sur des produits dont il aurait déja été parlé, nous renvoyons à la page qui en a traité d'abord, sauf les changemens que nécessiteraient les diverses natures de terrain.

Nos assolemens sont dressés pour les exploitations qui ne possèdent pas de prairies naturelles.

Si une localité permettait d'en faire avantageusement, il est entendu qu'il faudrait supprimer une partie des trèfles, luzernes et sainfoins equivalante à la quantité de prairies naturelles existantes.

On pourrait encore dans ce cas, conserver la totalité des prairies artificielles.

Mais il y aurait nécessité d'augmenter le bétail et de faire des éléves; il deviendrait alors difficile de cultiver le même nombre de plantes sarclées, la même quantité de blé il faudrait modifier ou refaire l'assolement.

Par cette seule observation, on peut juger combien il est difficile d'établir un assolement convenable, je ne dis pas à la France, mais seulement à un seul département.

Cependant les tableaux d'assolemens ci-après, s'ils ne pouvaient être rigoureusement suivis dans tout le département; viendront toujours en aide aux cultivateurs zélés, intelligens; il s'agira pour eux de les modifier suivant leur position particulière; en cela ils seront encore utiles, car il est sans doute plus aisé de modifier que de créer.

Motifs de la division adoptée dans les tableaux d'assolement.

Il est sans contredit fort avantageux d'avoir de grandes pièces de terre à cultiver, de les avoir agglomérées et rapprochées de la ferme, mais il est rare qu'il en soit ainsi pour la petite et la moyenne culture. Leurs champs presque toujours composés de morceaux détachés, achetés à diverses reprises, se trouvent disséminés sur tout un territoire. C'est donc par exception qu'ils ont une contenance convenable, de deux hectares par exemple.

Quoiqu'il en soit, une ferme eut-elle toute son exploitation d'un seul morceau; il conviendrait selon nous, de la diviser en fractions d'environ deux hectares, trois hectares au plus; de même que les propriétaires, devraient chercher à grouper sans-cesse, à échanger leurs petits champs dont la contenance ne va pas à un demi hectare (un arpent au moins) et voici pourquoi;

Un champ de moins d'un demi hectare d'étendue, permet difficilement l'emploi de toute espèce d'instruments aratoires, notamment de charrues perfectionnées.

Puis, les courts tours font perdre beaucoup de temps au laboureur, c'est un mal. D'un autre côté aussi, dans de grandes pièces de 10, 15, 20 hectares où le labour devrait se faire plus rapidement, où la surveillance est certainement plus facile ; l'expérience prouve pourtant, que les valets de charrues, les ouvriers s'y ennuient. Aussi travaillent-ils machinalement dans une pièce dont ils ne voient pas la fin, comme ils disent communément. Autres inconvéniens encore, quand ils sont en train de labourer une grande pièce de terre, maîtres et valets n'aiment pas à quitter la charrue, pour prendre la herse, le rouleau, le semoir et revenir à la charrue. Ils attendent donc souvent pour semer, que toute la pièce soit préparée, combien de fois ne leur arrive-t-il pas alors d'être contrariés par le mauvais temps!

Une piéce de terre de moyenne étendue, de 4 journaux par exemple, est labourée, hersée, roulèe semèe rapidement, un accident vient-il contrarier la levée? on prend de suite son parti, le champ est lestement retourné et resemé.

On s'effraie au contraire du temps à passer pour retourner et resemer un grand champ, on hésite, d'autres travaux pressent, on finit par laisser ce champ comme il est, et l'on perd ainsi une bonne partie de sa récolte.

Pour rendre nos tableaux d'assolement plus intelligibles, et n'ayant pas à donner à chaque pièce un nom ainsi qu'il est d'usage ; nous lui avons donné un numéro d'ordre pour en tenir lieu.

Observant ensuite, que la ferme n'a pas besoin de chaque espèce de produit en égale quantité ; nous avons dû diviser toute l'exploitation en fractions égales de 4 journaux, afin d'établir un certain ordre qui nous fasse mieux comprendre.

D'ailleurs, le cultivateur arrivera toujours à cette répartition, quelque soit la contenance de ses champs, soit qu'il divise ses grandes pièces en morceaux de 4 journaux, soit qu'il rassemble deux, trois, quatre petites pièces pour former des groupes de 4 journaux, ainsi que cela est indiqué aux tableaux d'assolement.

1.re Section.

20. *Assolement alterne combiné avec le Triennal,*

Dressé pour les terres fortes, et pour une rotation de 16 ans, ayant 6 journaux de luzerne en permanence.

1.re *Année.*	2.me *Année.*	3.me *Année.*	4.me *Année.*
Blé, navets dérobés.	Avoine.	Colza, ou Chanvre fumé.	Blé avec trêfle.
5.me *Année.*	6.me *Année.*	7.me *Année.*	8.me *Année.*
Trêfle.	Lin et Hyvernache.	Blé, trêfle anglais dérobé.	Betterave fumée ou Pommes de terre.
9.me *Année.*	10.me *Année.*	11.me *Année.*	12.me *Année.*
Féveroles fumées.	Blé.	Avoine.	Colza fumé.
13.me *Année.*	14.me *Année.*	15.me *Année.*	16.me *Année.*
Blé avec trêfle.	Tréfle.	Vesce.	Œillettes fumées.

(Voir ci-contre le Tableau d'Assolement, N.° 1.er).

Cette espèce de terre se cultive généralement bien. Le retard apporté aux semailles n'y est pas aussi préjudiciable que pour les autres terres ; cependant, les premiers grains semés sont toujours ceux qui réussissent le mieux.

Toute sorte de fumiers et d'engrais conviennent à cette terre qui n'est froide, que quand l'argile domine trop dans sa composition.

On remarquera dans cet assolement trois récoltes dérobées.

La première de navets semés en automne sur éteule de blé de la première année de rotation.

La deuxième de trèfle anglais, semé en automne sur éteule de blé de la septième année de rotation.

La troisième de plant de colza semé sur 2 journaux de trèfle démonté, et fumés après la première coupe. Ces 2 journaux sont pris dans les 4 de la quatorzième année de rotation.

Les instrumens à employer, sont principalement ·

Le Brabant simple, ou Leu Belge.

Le Brabant double Forget, des environs de Péronne.

La Charrue Rosé.

L'Araire Dombasle.

La Charrue du pays, sans pointe.

Le Binot du pays, sans pointe.

L'Extirpateur à cinq socs fabriqué à Villers-Bretonneux.

La Herse Bataille, la Herse à Tête, la Herse ordinaire, la Herse à dents de fer.

Le gros rouleau long de deux mètres, de cinquante centimètres de diamètre, avec monture propre à être chargée.

Le rouleau ordinaire de 2 mètres 50 centimètres de long, sur 35 à 40 centimètres de diamètre.

Le hérisson autrement appelé bergère, ou rouleau garni de grosses chevilles de bois.

21. *Blé remis sur œillettes.*

Aussitôt les œillettes mises en calots, et les calots placés en chaine, on herse la terre. On lui donne une raye de Brabant ou de charrue de 14 centimètres (5 pouces de profondeur) on herse à tête, ou avec la herse ordinaire à reculons. Puis on gouverne sa terre en la hersant de temps en temps jusqu'au moment de la semaille. Ces derniers hersages ont pour but de maintenir la terre nette d'herbes.

Semaille.

Il y a plusieurs manières de préparer le blé de semence; mais la plus facile, la plus certaine, nous paraît être la suivante.

La veille du jour où on veut enchauler le blé, on fait dissoudre dans un cuvier d'une contenance d'environ quatre hectolitres, dix kilogrammes de sulfate de soude, dans 50 à 60 litres d'eau chaude. Le lendemain, on fait fuser quinze kilogrammes de chaux vive, qu'on délaie ensuite dans le cuvier, on remplit ce cuvier aux trois quarts, en y ajoutant du purin, ou de l'eau mêlée de purin.

On prend une manne de la contenance de 40 litres environ, dans laquelle on met 25 à 30 litres de blé bien criblé et épuré, on plonge la manne dans le cuvier préparé, on remue le grain dans la manne à l'aide d'une main de bois, on écume le mauvais grain qui surnage, et au bout de 5 à 6 minutes; quand le grain est suffisamment saturé, on retire la manne qu'on laisse égouter au-dessus du cuvier, on vide le blé, en le dépose en tas, on recommence l'opération jusqu'à ce qu'on ait préparé tout le blé dont on a besoin.

Cette composition peut se conserver pendant un

2.*

mois. Cependant, à chaque fois qu'on voudra s'en servir, il sera bon de la raviver au moyen d'un kilogramme ou deux de chaux, et de même quantité de sulfate de soude.

Le blé ainsi préparé, déposé en couche de 20 à 25 centimètres (8 à 9 pouces) doit être semé le lendemain ou le surlendemain tout au plus tard.

Avec la préparation ci-dessus, avec la précaution de renouveler sa semence tous les deux à trois ans ; on préserve le blé de la carie.

On cultive ordinairement deux sortes de blé : le blé blanc, le blé roux, rarement le blé locart.

Le blé blanc est estimé des meuniers pour la belle qualité de farine qu'il produit. Mais vert, il est plus sensible à la gelée que le roux, et l'hiver le fait beaucoup souffrir. Mûr, il s'égraine aisément quand on tarde à le couper.

Le blé roux plus rustique, résiste mieux aux gelées. Le grain quitte moins facilement sa balle, sa paille plus raide fait de meilleur fumier. Le blé locart est peu estimé, quoiqu'il fournisse plus de grain que les deux autres dans les terrains humides et bien fumés.

C'est au cultivateur à juger laquelle des deux sortes de blé lui convient le mieux. Cela dépend de son terrain, de la célérité qu'il met à sa moisson, des préjugés établis en faveur de l'une ou de l'autre espèce parmi ses consommateurs.

Le blé se sème dans les premiers jours d'octobre. Il est rare qu'on soit content de celui semé après le 25 de ce mois. Il n'en est pas de même de celui qu'on sème à la fin de septembre, car malgré la prévention contraire, pendant dix ans, nous avons remarqué que les blés semés fin septembre étaient toujours les plus beaux.

Il faut toutefois prendre la précaution de diminuer la quantité de semence. Ainsi, du 25 septembre au 5 octobre, 75 litres combles de semence préparée suffisent au journal de 41 ares. A partir du 5 au 20 octobre, il en faut un hectolitre. Après cette époque, il convient d'augmenter graduellement la quantité de semence à raison de deux à trois litres par jour.

Le blé sur œillette se sème à la volée, s'enfouit par une raye de binot de 10 centimètres (3 à 4 pouces) de profondeur environ. Un seul hersage après le binot suffit : mais on ne saurait trop resserrer la terre avec le hérisson après le hersage.

Récolte du Blé.

Trois manières de couper le blé sont en usage dans nos contrées.

On le coupe à la faucille, à la grande faulx, au piquet flamand.

Le sciage à la faucille serait sans doute une bonne méthode, si elle n'était pas aussi lente, et si les scieurs voulaient couper le blé bien bas. Mais cette condition rendant le sciage fort pénible, le cultivateur ne l'obtiendra jamais facilement.

La peine, jointe à l'habitude d'abandonner à chaque scieur une partie de l'éteule pour chauffage, font perdre au cultivateur la partie la plus précieuse, la plus substantielle de la paille. Il se trouve par là privé d'une bonne partie de nourriture, et d'une notable portion de son fumier.

La lenteur du sciage expose d'ailleurs la récolte à de grandes chances d'intempérie, de perte, et malgré l'avantage que le scieur a de ramasser sans désordre les blés les plus versés, on doit lui préférer les deux modes suivans.

Le fauchage à la grande faulx montée, abrège considérablement le travail de la moisson ; mais il nécessite une ramasseuse fort soigneuse, afin d'égaliser convenablement les javelles, et pour ne pas laisser trop à glaner dans le champ.

Avant de commencer, le faucheur prend le sens du blé, c'est-à-dire qu'il se place suivant son inclinaison. En fauchant, il appuie le blé qu'il coupe contre celui qui est encore debout. La ramasseuse suit, prend dans ses bras toujours à peu prés la même quantité d'épis pour en faire une javelle, soulève sa javelle, la laisse retomber en ouvrant les bras pour en égaliser le pied, la dépose en ligne derrière elle, et de manière à pouvoir, quand elle reviendra avec le faucheur à la ligne suivante, placer une autre javelle entre deux. En suivant ainsi, et sans interruption le faucheur, les javelles se trouvent bien égales, et placées avec ordre dans le champ.

Le fauchage convient moins aux blés versés qu'aux blés droits, ou seulement inclinés. Mais il a le grand avantage d'abréger de beaucoup la besogne et ce mérite est fort à considérer en temps de moisson.

Reste le piquet flamand. Cette manière de couper le blé est à notre avis la meilleure.

Le piquetage a tous les avantages du sciage à la faucille; pour récolter sans perte le blé versé; il a de plus celui de ne pas faire de chaume, il abrège presque autant que le fauchage et il économise sur celui-ci le travail de la ramasseuse.

Le piquetage s'opère de la manière suivante, le moissonneur tient dans la main gauche un petit crochet de fer de 15 à 16 centimètres, (six pouces de longueur) placé au bout d'un manche long d'un mètre environ; tandis que sa main droite est armé de la sape, ou petite faulx de 50 centimètres de long, ajustée à un manche coudé à peu près de même longueur.

Avec son crochet, le piqueteur relève les épis

trainans, et à l'instant où il les maintient relevés, il les frappe au pied avec sa sape pour les couper. Quand il a ainsi abattu le blé sur une largeur de 2 mètres à peu près, il revient sur lui même en ramassant avec le crochet et la sape les épis coupés, il en forme une javelle en s'aidant des pieds et de ses instrumens, il la place en ligne, les épis en dehors, puis il recommence la même manœuvre en coupant sans-cesse devant lui.

Il serait bien désirable de voir les moissonneurs du pays se familiariser avec le piquet, afin de n'être pas obligés de recourir à des étrangers qui viennent chaque année gagner de bonnes journées, et reportent chez eux la presque totalité de leur gain.

Quelque méthode de moissonner qu'on adopte, il convient de ne pas attendre la complète maturité des premiers blés avant de les abattre: car telle diligence qu'on fasse dans la moisson, les derniers blés sont toujours coupés trop mûrs; or, par de grands vents, par de mauvais temps, la perte devient considérable.

Il conviendrait de mettre autant que possible tous les blés en moyette, mais les premiers récoltés en ont besoin indispensablement. La moyette pare le blé, complète sa maturité, donne à la paille une couleur et une saveur particulière, et sauve le grain de toute avarie.

Mise en Moyette.

Pour mettre le blé en moyette, deux femmes suivent les moissonneurs et ramassent les javelles. La première javelle se pose à terre, la deuxième se pose de droite à gauche, en plaçant la houppe de la seconde javelle sur le cul de la première à la hauteur du tiers environ de la javelle; on place la houppe de la troisième javelle sur le cul de la seconde, en tournant toujours de droite à gauche. La quatrième javelle se pose de gauche à droite, en plaçant ses épis sur le cul de la troisième, et en soulevant la houppe de la première pour la placer sur le cul de la quatrième javelle. De telle sorte, qu'ainsi placées, ces quatre premières javelles forment un carré lozange, et sans qu'aucune des houppes ne pose à terre.

Ce carré ainsi disposé, les deux femmes placent en tournant toujours de gauche à droite de nouvelles javelles, dans les vides laissés entre les culs des premières javelles : et quand le pied est plein, elles continuent à placer a la suite, toujours du même sens et en montant, une soixantaine de javelles. Il convient alors d'arrêter la moyette. A cet effet, les deux femmes qui ont disposé d'avance un fort lien de glui double de la longueur ordinaire, assemblent tous les èpis qui se trouvent au sommet, puis chacune d'elles présente en même temps une double javelle dont les épis sont tournés en bas, étalent ces javelles tout autour de la moyette, l'une d'elles s'empare du double lien dont nous venons de parler, tandis que l'autre maintenant en faisceau toutes les javelles du haut, lie ensemble et les épis de la houppe et le pied des javelles renversées, toutes deux tirent enfin les bouts du lien, serrent le sommet et nouent le glui, de cette manière, la moyette a la forme d'une petite hutte dont les javelles renversées formeraient la toiture et le tout ne semble plus faire qu'un corps.

Une moyette faite avec soin, dont la toiture est bien assemblée, bien liée, résiste aux plus grands vents et devient impénétrable à la pluie. Les cultivateurs qui ont conctracté l'habitude d'en faire, trouvent que leur blé gagne en qualité bien au-delà de la dépense occasionnée par la mise en moyette; la paille est meilleure, et craignant moins le mauvais temps ils ne sont pas forcés d'interrompre les moissonneurs pour lier et ramasser le blé coupé.

Par là, ils abrègent le temps du fauchage, avantage incalculable ; enfin, ils lient, rentrent à leur aise du blé qui a gagné de valeur, parce qu'il s'est paré lentement. Avant de le lier, on laisse parer le blé en moyette au moins pendant un mois. Quand on veut le lier on enlève d'abord le lien et les javelles qui forment le toit de la moyette, on étale tout autour des liens de glui, une femme reprend les javelles dans l'ordre où elles ont été placées, en tournant sans-cesse de droite à gauche, elle place trois javelles sur chaque lien, puis une autre femme ou un homme lie, de cette manière, on n'éprouve pas de perte et l'on trouve un grain et une paille remarquablement conservés.

On doit rentrer au fur et mesure du liage, et mettre les gerbes en dixeaux en attendant la voiture.

Les cultivateurs qui ne pourraient mettre en moyette que leurs premiers blés coupés, feront bien de lier le reste aussitôt qu'il est abattu, sans le laisser trainer en javelle comme on le remarque souvent ; mais alors, au lieu de relever les gerbes en dixeaux, ils se trouveront mieux de les mettre en volants comme suit :

On prend deux gerbes de blé, qu'on met à cheval l'une sur l'autre, au tiers de leur longueur à peu-près. On en place deux autres en croix sur les deux premières, on place deux nouvelles gerbes sur les premières, puis deux autres sur les secondes, on continue ainsi jusqu'à ce que chaque aîle du volant ait quatre bottes de hauteur. Arrivé là, on ouvre une dix-septième gerbe qu'on place à cheval, les épis renversés, au milieu du volant et de manière que les épis des seize gerbes soient recouverts par cette dernière. On a donné le nom de volant à cette disposition de gerbes, parce que les dix-sept bottes qui le forment, ressemblent à quatre aîles de moulin, dont la dernière mise à cheval, formerait la tête de l'arbre tournant. Par cette méthode, les javelles ne sont pas exposées à la pluie, ou à un soleil trop ardent; l'air circulant librement entre les quatre bras du volant, les herbes qui se trouvent au cul des gerbes se fânent bien et le grain, la paille se parent convenablement.

Conservation et battage du Blé.

Les céréales avant d'être converties en nourriture, ne manquent pas d'ennemis. Dans le courant de la végétation du blé, une multitude d'insectes, d'animaux rongeurs, viennent le maltraiter, le détruire. Ce sont d'abord les taupes qui soulèvent la plante et sillonnent impitoyablement le champ. On les détruit avec assez de facilité à l'aide des petits pièges du taupier; mais ce sont les mulots qui dans certaines années, sont un véritable fléau. Ils se propagent avec une telle rapidité, qu'on en a compté par mille, dans un champ de faible étendue, de moins d'un hectare.

On en détruit beaucoup en les asphixiant avec du souffre, de vieux chiffons qu'on brûle, et dont on leur envoie la fumée, après avoir préalablement bien bouché les principales issues de leurs repaires. De petits morceaux de pommes imprégnés d'arsenic et jetés dans leurs trous en détruisent un bon nombre. On fait aussi de profonds trous en terre avec de grosses tarières, on en rayonne les environs, les mulots suivent ces petits rayons et se précipitent dans les trous où ils meurent. Quand la terre ne permet pas d'approfondir suffisamment ces trous, on jette un peu de mauvaise mélasse au fond, les mulots en tombant s'empêtrent de cette substance, perdent leurs forces et se noient. On enterre encore des pots vernis dans le champ, mais à vrai dire, tous ces moyens sont praticables en petit, et ne sont guères efficaces pour les grandes ou moyennes exploitations. Cependant, il ne faut pas les dédaigner jusqu'à ce que des grandes eaux ou de fortes neiges viennent en aide aux cultivateurs.

De tous les insectes, la limace, le vermot, sont les plus dangereux. A l'instant où le cultivateur s'aperçoit de leur présence, il doit cendrer son blé, et mêler à sa cendre, de la suie, ou des cendrettes de chaux. Il est rare qu'ils résistent à ce moyen.

Le blé se rentre en grange, quand il est bien sec; mais comme les granges ne sont pas toujours suffisantes, on le met en meûle ronde ou carrée qu'on recouvre avec soin, il se conserve ainsi assez bien. On remarque pourtant que le grain de meule est toujours un peu dur à la main. Quoiqu'il en soit, en meûle ou en grange, les souris, les rats lui font encore une rude guerre. Nous croions donc qu'il faut se hâter de battre, sauf à conserver le grain dans sa balle, jusqu'au moment de la vente.

Le battage du blé se fait presque partout au fléau.

Ce travail est trop connu, pour que nous croions devoir en parler.

Pour les localités qui manquent de bras, il est bien désirable qu'on trouve enfin une machine à battre simple, peu coûteuse, qui puisse être réparée par le charron et le maréchal du village. Car, pour les villages même où les batteurs ne manquent pas, nous voudrions voir cette machine leur faire concurrence. Cela servirait à les empêcher de laisser dans les gerbes, tout le grain qu'on y trouve. Il est vraiment déplorable de voir parfois combien les batteurs au fléau abusent de la facilité qu'ils ont de se soustraire à une active surveillance. Et c'est moins pour voir diminuer leur salaire que nous voudrions voir les machines à battre se propager et leur faire concurrence, que pour les obliger à être raisonnables, et à faire désormais leur travail en conscience. Le blé battu est passé au tarare, avant d'être porté au grenier. Il est presque toujours nécessaire de le vanner, ou de le repasser au tarare à cylindre, avant de l'exposer en vente. Le blé conservé dans les greniers, a besoin d'être souvent remué, notamment pendant les chaleurs, il doit être mis en couche de 33 centimètres (un pied) d'épaisseur au plus pour ne pas s'échauffer, ni contracter de mauvais goût.

22. *Navets semés sur éteule de blé en récolte dérobée.*

Aussitôt le blé enlevé, on donne à la terre une petite raye de brabant, ou de charrue de 11 à 12 centimètres (4 pouces) de profondeur pour retourner l'éteule. On herse, on roule, on sème environ un bon litre de graines de navets (turneps, rutabagas) par journal de 41 ares. On jette 3 à 400 kilogrammes de tourteau d'œillette, de colza ou de chanvre en poudre, on donne un coup de herse pour recouvrir la semence, on roule avec un fort rouleau. Ces navets se trouvent toujours bien d'un sarclage fait après la levée. On les récolte en novembre et décembre pour les donner aux bestiaux au fur et mesure qu'ils sont arrachés. On les donne ainsi avec les verts, mais quand arrivent les gelées; on déplante tout ce qui reste, on en coupe les collets qu'on donne de suite aux bestiaux, et on conserve en cave ou en silos les racines pour les donner pendant l'hiver.

On les coupe ordinairement pour les servir aux vaches.

Après cette récolte qui ne gêne en rien la remise des mars, on peut compter sur une bonne récolte d'avoine, meilleure que si elle avait été placée immédiatement sur l'éteule du blé.

23. *Avoine sur navets d'automne dérobés.*

Immédiatement après la récolte des navets, on donne à la terre une raye de brabant de 15 à 16 centimètres (5 à 6 pouces environ) de profondeur, pour passer l'hiver, afin que la gelée mûrisse et ameublisse bien le sol. Au printemps quand l'époque de semer est arrivée, on donne un coup d'extirpateur (ou binot à cinq socs) on herse, on roule, et si la terre n'est pas convenablement divisée, on donne un second coup d'extirpateur après lequel on herse, on roule de nouveau, on sème à la volée environ un hectolitre d'avoine par journal de 41 ares. On recouvre la semence par un nouveau coup d'extirpateur, on herse, et si le temps est disposé au sec, on donne un léger coup de rouleau.

Semaille d'avoine.

On cultive généralement trois sortes d'avoine de mars, la blanche, la noire, la rousse. La blanche, dans les terrains montés de fumier est abondante, elle donne de belle paille, mais elle est exigeante sous le rapport de l'engrais.

L'avoine noire moins exigeante, vient bien sur toute espèce de terrain, sa paille n'est pas aussi haute que celle de l'avoine blanche, mais le grain en est plus rond, plus égal, et pèse au moins autant.

L'avoine rousse dite de georgie nous parait préférable. Elle n'est pas plus difficile sous les rapports de l'engrais et du terrain que l'avoine noire, elle donne plus de paille, au moins autant de grain, et de bon grain. Il faut avoir le soin de renouveler la semence de temps en temps, car l'avoine dégénère vite dans certains terrains.

D'habiles cultivateurs de notre département cultivent l'avoine d'hiver et s'en trouvent bien. Elle est disent-ils plus abondante, et se récolte plutôt que celle de mars. Il est bon d'observer toutefois, que pour cultiver cette avoine, il faut combiner un assolement où elle trouve place. Car, elle se sème en automne comme le blé, et se récolte comme l'avoine de mars. Du reste, elle se cultive comme cette dernière.

L'avoine pour semence a besoin d'être criblée avec soin, elle est ensuite semée sans autre préparation.

Avant de parler de la récolte de l'avoine, il nous semble à propos de dire un mot du coup de herse donné 3 à 4 semaines après la semaille, qu'on nomme communément redressage, relevage, rhabillage d'avoine.

Cet usage de herser l'avoine levée dans les terres fortes est assez général. Cependant, si nous en croyons une expérience d'une dizaine d'années, cette habitude est vicieuse, et devrait être abandonnée, voici pourquoi.

On a long-temps cru qu'un simple labour suffisait pour cultiver l'avoine, c'était trop peu. Le cultivateur disait bah! C'est pour mettre de l'avoine, et semblait exprimer par là, que sa terre était toujours assez bien préparée. C'est une erreur. Cette plante demande au contraire une terre meuble et des mieux préparée. La preuve, c'est qu'une terre naturellement légère produisait jadis l'avoine la plus belle, la plus abondante et qu'il n'en est plus ainsi maintenant. Pourquoi? parce qu'on commence à comprendre que la terre forte, peut à l'aide de labours fréquents, de hersages énergiques, acquérir cette division, cette légèreté que possèdent naturellement les terres sablonneuses et craieuses, et qu'alors elle doit donner et donne effectivement des produits en avoine égaux et même supérieurs à ceux de ces dernières terres.

L'habitude de ne donner qu'un faible labour pour avoine dans les terres fortes, comme dans les terres légères, était cause que s'il venait à pleuvoir peu de temps après la semaille, le labour manquant de fond, la terre se resserrait, se rebattait, étreignait l'avoine, la faisait souffrir. On croyait remédier à ce mal, en passant la herse sur l'avoine, c'est-à-dire en la redressant, en la relevant, en la rhabillant. Le coup de herse était-il faible? il était insignifiant. Etait-il fort, énergique, il arrachait beaucoup de plantes, appauvrissait le champ, retardait la maturité, la rendait inégale, incomplète, et la récolte de l'avoine retardée, se fesait en mauvaise saison.

L'expérience nous a démontré que des labours répétés, l'emploi fréquent de l'extirpateur à cinq socs pour la semaille d'avoine, empêchent la terre forte de se rebattre et exempte des hersages. La plante y végète sans arrêt, la maturité arrive sans retard, est plus égale; et le battage s'opère beaucoup plus aisément.

Récolte de l'avoine.

Quant l'avoine n'est pas trop forte, on se sert d'une faulx montée pour la faucher en rang. Si elle est abondante, il vaut mieux la faucher à l'appui, à l'aide d'une ramasseuse, comme il est dit pour le blé. Ici pourtant, la ramasseuse doit faire de petites javelles et les étaler convenablement; afin que la houppe recevant la rosée du matin, prenant la nuit l'humidité du sol, sèche rapidement pendant le jour, cette précaution facilite le battage.

On peut aussi scier l'avoine à la faucille, quand elle est forte. Cet usage existe encore dans beaucoup de localités; mais ce travail est fort long, et comme pour le blé, il diminue considérablement la hauteur de la paille.

Quand l'avoine est très-forte et très versée, on la coupe au piquet flamand comme le blé, dans ce seul cas, nous conseillons la sape. Car, pour l'avoine ordinaire et droite, la faulx montée cause moins de dommage, et va aussi vite.

L'avoine semée de bonne heure, mûrit toujours mieux, se récolte en bon temps, se bat avec facilité, il est donc bien essentiel de semer aussitôt que possible.

La semaille est souvent contrariée par le mauvais temps, cela est vrai. Le cultivateur bien malgré lui est parfois obligé de la retarder, il arrive alors, qu'une partie notable de l'avoine reste verte quand la plus grande partie est mûre. En ce cas, le cultivateur aurait tort d'attendre la matûrité de l'avoine restée verte pour faucher; car en attendant, il s'exposerait à perdre les plus belles grappes, et il éprouverait par là un véritable dommage.

Ce défaut de maturité se corrige en partie, en laissant l'avoine coupée étendue sur l'éteule pour recevoir la pluie. C'est ce qu'on nomme avèner, aviner. Par ce moyen, le grain gonfle, quitte plus facilement sa balle au battage; mais il faut alors retourner constamment les javelles, pour éviter ou arrêter la germination.

Cet usage, pour l'avoine semée de bonne heure, dont la maturité est bien égale, nous semble au moins inutile; en ce sens, qu'ici l'avoine n'a pas besoin d'être avinée pour se bien battre, et que le grain perdu sur terre, peut bien équivaloir au manque de gonflement de celui rentré sans eau. L'on ne saurait d'ailleurs disconvenir que l'avoine rentrée sans eau, est à mesure égale, beaucoup plus nourrissante que l'autre.

L'avoine se rentre en grange, ou se met en meule, au fur et mesure du liage: il faut donc s'assurer qu'elle est bien sèche avant de la lier.

Le battage se fait au fléau, et se paie en argent. Il faut surveiller exactement les batteurs, surtout quand il y a de l'avoine verte. Cependant, eu égard à sa valeur, à l'emploi de l'avoine, le dommage ne saurait être aussi considérable que pour le blé.

24. *Colza sur éteule d'avoine fumée.*

Il y a trois manières de cultiver le colza.

Le semis en place.

Le repiquage à la charrue.

Le repiquage à la cheville, ou au plantoir.

Quand la terre a été bien fumée, bien préparée en temps, les sarclages faits à point; le colza semé en place, donne de beaux produits.

Cependant il devient difficile de cultiver ainsi le colza, lorsqu'on ne fait pas de jachère; par la raison que la terre dessolée se trouve rarement libre au commencement de juillet, époque à laquelle le colza se sème, et qu'il faut auparavant fumer, et préparer soigneusement le terrain destiné à le recevoir.

Quoiqu'il n'entre ni dans notre plan, ni dans notre assolement de cultiver le colza en place, nous dirons pourtant un mot de cette culture.

Vers la fin de mai, ou commencement de juin au plus tard, il convient de fûmer la terre. Douze à quinze voitures de fumier court, sont nécessaires au journal ou arpent de quarante et un ares pour assurer la réussite du colza.

Le fumier bien épandu, on se hâte de l'enfouir au binot. On herse, on roule comme il faut le binotis, puis on donne une raye de brabant ou de charrue de 14 centimètres 5 pouces environ de profondeur. On herse, on roule de nouveau jusqu'à ce que la terre soit en bon état, on sème sur le rouleau 2 à 3 litres de graine de colza au journal et le plus également possible. On recouvre la graine par un coup de herse donné en levant, on donne un deuxième coup de herse en long, on roule fortement une ou deux fois suivant le temps, et on attend la levée.

Il n'est pas rare de voir la jeune plante du colza attaquée et détruite par le tiquet ou puceron. C'est pour cela, qu'il est prudent de semer dans la première quinzaine de juillet. Si la première levée manque, on a encore le temps de resemer. C'est une double chance que le cultivateur doit toujours se ménager. On ne connait pas de remède vraiment efficace pour arrêter ou empêcher les ravages du puceron. On a essaié la suie, les cendres de toute espèce, la chaux, les arrosements, et tout cela sans succès. Ce qui réussit le mieux, c'est l'accélération des sarclages. On sarcle une première fois, quand la plante a généralement fait quatre feuilles. Le deuxième sarclage s'opère peu de temps après le premier, il a pour but d'espacer les colzas de huit pouces en tous sens. On les laisse ainsi passer l'hiver, si au printemps la terre permet de donner assez tôt un troisième sarclage, ce n'est pas un travail inutile, la récolte le prouvera bientôt. Nous le répétons, pour cultiver avec succès le colza en place, il faut le semer en jachère, or, la jachère est bannie de notre assolement. Voici comment dans notre assolement le colza doit être cultivé.

Il faut d'abord se procurer le plant de colza nécessaire. On calcule qu'un journal de plant bien gouverné, couvre de trois à quatre journaux de terre en colza repiqué.

Suivant notre tableau d'assolement, le plant du colza s'obtient en culture dérobée sur le trèfle de la quatorzième année de rotation. Or, pour ne pas intervertir l'ordre établi, nous renvoyons provisoirement à cette quatorzième année où la culture du plant de colza est indiquée ; et nous continuons notre article sur les repiquages. Parlons d'abord du repiquage à la charrue.

Repiquage du colza à la charrue.

L'avoine qui précède le colza repiqué se récolte ordinairement à la fin du mois d'août. Aussitôt cette avoine enlevée, on binote fortement l'éteule. Puis au moment de repiquer le colza, c'est-à-dire au commencement du mois d'octobre, on herse énergiquement le binotis, on conduit 12 a 14 voitures de court fumier par journal, on le fait épandre au fur et à mesure que la charrue recouvre le plant, et tout en suivant le travail des repiqueurs.

Le repiquage à la charrue va plus vite et coûte un peu moins que celui à la cheville. Mais on a remarqué toutes choses égales, que le colza repiqué à la charrue ne réussit pas aussi bien que l'autre. Cependant, si le plant favorisé par le temps a acquis de la hauteur, il peut être préférable de le repiquer à la charrue, parce que de cette manière le plant est plus profondément enterré, et donne par conséquent moins de prise aux gelées.

Le fumier étant tout fraîchement étendu sur la terre, le plant de colza arraché, et mis en bottes avec ordre ; des femmes, des enfants prennent chacun une brassée de plantes, se mettent à distance pour ne pas gêner le travail de la charrue, et ne pas s'entregêner. La charrue commence par ouvrir une raye large de 16 à 18 centimètres (6 à 7 pouces). Chaque femme ou enfant dépose dans cette raye la plante du colza à la distance de 22 à 25 centimètres l'une de l'autre (8 à 9 pouces) et de façon que les racines ayant été bien placées au fond de la

3.

raye, la charrue en revenant puisse les bien recouvrir. On ouvre une nouvelle raye, qui est à son tour garnie de plantes, et recouverte par la raye suivante ; et l'on continue ainsi, jusqu'à ce que tout le champ soit couvert.

Il est bon de laisser une lacune d'une couple de sillons, toutes les douze rayes plantées, afin de pouvoir enlever avec la bêche la terre de ces sillons et la rejetter entre les lignes de colza. Cela sert à recouvrir entièrement les pieds qui par accident ne se trouveraient pas suffisamment couverts par la charrue, puis cette terre enlevée, forme une petite rigole destinée à recevoir et à écouler les eaux produites par les pluies, ou la fonte des neiges. Ainsi disposé, le colza passe l'hiver. Au printemps un sarclage énergique est excellent pour ameublir et nettoier la terre. Mais il faut le donner quand la terre est ressuiée, et ne pas attendre que la plante soit en fleur.

Pour repiquer le colza, on se sert du brabant, ou d'une charrue de pays bien montée. Nous croyons le brabant préférable. Il recouvre mieux la plante, et il jette la terre plus uniformément sur les racines quand il est bien conduit. Il est bon d'observer ici que pour repiquer avec cet instrument, il faut disposer le travail des repiqueurs d'une toute autre manière ; attendu que le brabant ne peut pas comme la charrue revenir sur sa raye : le champ doit donc être divisé par tranches d'égale largeur, afin que le brabant puisse aller et venir d'une tranche à une autre, sans interruption et sans arrêter le travail des repiqueurs. On évite pourtant cet embarras, par l'emploi du brabant à deux fers qui revient sur sa raye comme la charrue ordinaire.

Repiquage du colza à la cheville ou plantoir.

Après avoir binoté et hersé l'éteule d'avoine

comme il est indiqué ci-contre ; on conduit 12 à 14 voitures de court fumier par journal, on l'épand avec soin, et au fur et à mesure du labour.

Voici comment le laboureur s'y prend pour enfouir son fumier et former ses laques ou planches.

Il mesure trois petites enjambées, ayant en tout deux mèt. 50 cent. (7 à 8 pieds), pour en faire une laque. Il place son brabant au milieu de cette laque, à l'une des extrémités du champ. A l'autre extrémité, il plante un jalon aussi au milieu de ses trois enjambées ; puis, il tire une raye la plus droite possible sur son jalon. Arrivé là, il retourne son brabant pour ouvrir une autre raye contre la première, en laissant toutefois entre les deux sillons, une toute petite tranche de terre d'environ 15 à 16 centimètres ou 6 pouces de large. Revenu à son point de départ, le laboureur replace son brabant dans le sens de la dernière raye qu'il vient d'ouvrir, et tout en formant un nouveau sillon, il enlève la petite tranche laissée entre les deux premières rayes. Il revient ensuite sur la première et la deuxième raye ouvrir deux nouveaux sillons en sens inverse de la première fois, de manière à élever au milieu de sa laque, une petite crête de terre remuée. Alors il ouvre de chaque côté de cette crête, une raye de 16 à 20 centimètres 6 à 7 pouces de profondeur sur un peu plus de largeur, et il continue ainsi jusqu'à ce qu'il ait labouré ses trois enjambées. Si ce travail a été bien conduit, le milieu de la laque est bombé et à la largeur indiquée de 2 mètres 50 centimètres, se trouveront deux sillons ouverts que le charretier approfondira en repassant son brabant dedans. Ce sont ces sillons qui plus tard serviront de rigole quant la terre en aura été enlevée par la bêche pour le riotage que nous indiquerons. Ces laques doivent être formées à côté l'une de l'autre, jusqu'à ce que tout le champ soit ainsi disposé. Il est bon pourtant de ne pas trop dévancer les repiqueurs, afin que la terre ne se trouve pas rebattue par le mauvais temps, s'il survenait des pluies qui interrompissent le repiquage.

On passe sur chaque laque un ploutroir ou une herse renversée, afin d'égaliser le labour, et de faciliter l'ouvrage des repiqueurs.

Plantage du Colza.

Un homme est armé du plantoir. Ce plantoir a la forme d'un T. Sa tige tout en fer, ou en bois garni d'une pointe de fer, a environ 65 à 70 centimètres 2 pieds de haut. Le sommet de cette tige entre dans une traverse de bois rond d'environ 50 centimèt. (18 pouces de long). Le planteur appuiant sur la traverse du plantoir, l'enfonce en terre à la profondeur d'environ 12 à 15 centimètres (5 pouces), il fait ainsi et en travers de chaque laque des trous distans de 15 à 20 centimètres (6 à 7 pouces) l'un de l'autre ayant le soin de laisser entre les lignes 25 à 30 centimètres 10 à 11 pouces de distance. Des femmes, des enfans munis chacun d'une brassée de plantes de colza, suivent les planteurs, mettent dans chaque trou un plant qu'ils recouvrent en appuyant le pied contre le plant ; et de telle sorte que la terre qui tombe, et la pression qu'ils opèrent avec le pied, bouche chaque trou, et consolide la plante du colza.

Lorsqu'un certain nombre de laques sont plantées, ou quand du moins le champ est fini, un bêcheur enlève de chaque riot ou rigole tracée par la charrue, une pointe de terre qu'il jette entre les lignes il rechausse ainsi chaque plante, et la motèle, il doit avoir toutefois la précaution de ne pas couvrir le cœur des plantes, car en les couvrant, il les étiolerait, et les ferait périr. Un riotage bien fait permet aux eaux, aux neiges fondues de s'écouler rapidement, et l'écoulement sera d'autant plus rapide que les laques seront convenablement étroites et bombées.

Par ce moyen, les gelées tardives de février et mars souvent précédées de neiges ou de pluie; n'atteindront pas aussi aisément la plante. On a pu l'observer, et tout récemment encore, le colza souffre plus de l'alternative de petites gelées et de dégels, que des grandes gélées continues de décembre et janvier.

Au printemps, lorsqu'on a reconnu que la terre est bien ressuiée, on sarcle énergiquement le pied de la plante, comme si on la mottait légèrement, puis on attend sa maturité.

Récolte du Colza.

Vers la fin de juin ou au commencement de juillet, le colza commence à pâlir, il faut alors le visiter souvent, car sa maturité s'achève promptement. Lorsque la plupart des siliques sont jaunes, on se hâte de couper le colza. A cet effet, chaque homme ou femme muni d'une petite faucille se place sur une laque, prend la tige du colza de la main gauche, et la coupe de la main droite à la hauteur de 12 centimètres (4 pouces environ ras de terre) quand il en a ainsi assemblé une poignée, il la dépose sur la laque avec la précaution de tourner le bout des tiges du côté où le vent est ordinairement le plus violent ; afin qu'il ait moins de prise dans les javelles. Le sciage du colza doit se faire de grand matin, parce que vers les 9 ou 10 heures les siliques s'ouvrent facilement, et forcent à abandonner l'ouvrage. Pour éviter une bonne partie de la perte qu'on éprouve en sciant; les scieurs doivent se mettre à l'ouvrage au petit jour, et sans interruption de travail finir à huit heures du matin leur demi journée, il faut aussi employer le plus de monde possible pour mener le sciage bon train. Le colza ainsi scié et laissé pendant deux à trois jours sur terre, (suivant le temps), on l'amasse pour le mettre en chaine, ou en meule avant de le battre; sans cela, les siliques qui ne sont pas tout-à-fait mûres lâcheraient avec peine leur graine au battage, et le colza en meule courrait risque de s'échauffer.

Mise en chaîne du Colza.

Pour mettre le colza en chaine, on choisit une laque à distance convenable, on prend le colza étendu sur cette laque avec précaution, pour le déposer sur les laques voisines, on déplante ensuite à la main ou à la charrue les pieds de colza existants sur la laque choisie pour chaine, on transporte ces pieds hors du champ, et on laboure cette laque de maniére à égaliser le terrain. Cela se fait au Brabant, et de la façon suivante : le conducteur place son brabant sur le bord du riot, et enlève une première raye de 20 à 25 centimètres de profondeur (8 pouces) sur autant de large, arrivé au bout de la raye, il place sur le bord du riot opposé son brabant qui enlève en revenant une raye de même largeur et profondeur. Puis, il tire une troisième raye sur la première, une quatrième sur la seconde, et ainsi de suite, jusqu'à ce que toute la laque soit labourée. Ainsi, on comprend qu'il tourne autour de la laque, mais il faut à chaque tour, que le conducteur déterre son brabant d'un trou, afin d'arriver au milieu de la laque, en ne faisant plus qu'une raye de 10 à 12 centimètres de profondeur. Il parviendra ainsi à niveler le terrain. le labour est ensuite hersé, roulé convenablement, et c'est sur ce terrain qu'on établit la chaine.

Des ouvriers munis de draps, les étendent sur les

laques, placent dessus les colzas avec ordre, et les transportent auprès de ceux chargés de former la chaine. Cette chaine étant faite, on la consolide de distance en distance par quelques bêchées de terre placées au pied, et particulièrement aux coins. Ensuite, pour épouvanter les oiseaux, on place des mannequins, de vieux haillons, des croix sur chaque chaine et l'on attend le moment de battre le colza.

Pendant la récolte du colza, il est bon de faire le guet, car les pigeons, les oiseaux de toute espèce sont fort avides de cette graine, et y causeraient, si elle n'était gardée, un notable dommage.

Mise en meule du Colza.

Pour mettre le colza en meule, on choisit aussitôt qu'il est abattu, l'emplacement des meules. On calcule approximativement quel carré il faudra pour la composition d'une meule; puis on place les ouvriers au milieu de ce carré. Ceux-ci dérangent tout au tour du point arrêté, les javelles de colza sur une étendue de 3 à 4 mètres soit (10 à 12 pieds de diamètre) on enlève à la main les racines restées dans le sol, puis on bouche avec la bêche les riots ou rigoles comprises dans l'espace réservé pour chaque meule. On égalise la place, on en resserre le terrain, en le frappant d'une batte, on en fait une espèce d'aire bien unie, sur laquelle on étend un lit de paille, ou mieux de feurre de colza un peu épais. Tout étant ainsi disposé, deux hommes restés en permanence, reçoivent des porteurs, les draps chargés de colza, les vident et étalent les javelles de manière à former un rond du diamètre convenu. En plaçant les javelles, ils ont soin de les faire incliner un peu en dedans, afin de leur donner du pied. Il est bien entendu qu'ils leur mettent la tête en haut.

Ils placent ainsi les lits les uns sur les autres avec le plus d'ordre possible, et quand la meule a atteint certaine hauteur (2 mètres par exemple) on dresse une couple d'échelles pour les porteurs, et un troisième homme monte sur la meule pour recevoir les fardeaux.

Pour former les fardeaux, des femmes, des enfans étendent des draps sur les laques et placent dessus les javelles de colza. Ils les mettent double sur la longueur du drap, les tiges en dehors et les houppes croisées en dedans, nouent les coins du drap pour retenir les javelles, et en former un fardeau. Un homme arrive le fait charger sur sa tête, le porte ainsi sur la meule, reprend un drap vide en échange du sien, et le présente aux femmes, aux enfans chargés de faire les fardeaux.

Les hommes placés sur la meule sont-ils arrivés à une hauteur de 3 à 4 mètres soit 10 à 12 pieds. alors ils commencent à rétrécir le diamètre de la meule de manière à ce que le sommet étant fermé représente un fort mamelon tout hérissé de tiges. On charge le sommet de lourdes pierres afin d'empêcher le vent d'enlever les javelles du haut, il est bon de dire que tout en rétrécissant le sommet de la meule les ouvriers doivent laisser un vide au milieu, de telle sorte qu'en poussant à la fin les javelles du sommet, ce vide se remplisse par les houppes des colzas, qui présenteront ainsi toutes les tiges en dehors.

Malgré ces détails, on comprendra qu'il faut certaine habitude pour bien faire ces sortes de meules. Un ouvrier même intelligent ne réussira pas toujours les premières qu'il fera. En ce cas, il faut battre aussi tôt que possible. Mais il est certain que des meules de colza faites avec soin, peuvent sans danger attendre deux, trois et quatre mois avant d'être battues.

Il faut recommander aux ouvriers qui n'en ont pas l'usage, de tenir sans cesse en formant la meule les tiges basses et la houppe des colzas haute, surtout en commençant et jusqu'à ce que la meule soit arrivée à la hauteur d'une couple de mètres. Et cela, afin que la pluie coule sur les tiges et ne pénètre pas à l'intérieur de la meule dont elle gâterait la graine. Une meule bien faite doit avoir la forme d'un gros moffle de foin, dont le pied serait étroit quoique bien proportionné.

Battage du Colza mis en meûle ou en chaine.

Il faut d'abord se procurer une grande bâche en toile d'au moins une douzaine de mètres de long, sur six à sept de large. Soit de 40 pieds sur 24. Nous supposons qu'au moment du battage, le champ est labouré et dégagé des racines du colza.

Tout contre la meûle de colza qu'on veut battre, on étend la grande bâche dont il vient d'être parlé. Puis une ou deux femmes placées sur la meûle jettent le colza sur la bâche. D'autres femmes et enfans le ramassent, étendent les javelles sur deux lignes, la houpe tournée en dedans de la bâche. Alors, deux ou trois batteurs frappent de leur fléau une de ces lignes, tant que la graine soit sortie des siliques.

Au fur et à mesure que les batteurs avancent sur la ligne, d'autres femmes et enfans suivent, relèvent les tiges du colza, les secouent, les éparpillent avec soin, et après avoir préalablement étendu des liens en dehors de la bâche, placent sur ces liens les tiges secouées pour en faire des bottes de la grosseur de bonnes gerbes de blé. Il y a un lien à chaque bout de ces bottes.

Ainsi, tandis que la seconde ligne se bat, la première est enlevée, liée et remplacée par une nouvelle ligne de colza jetté de la meûle, et ainsi de suite. Par ce moyen, le battage se fait sans interruption jusqu'à ce qu'on soit arrivé au pied de la meûle.

Comme presque toute la graine s'y trouve amoncelée, tous les ouvriers quittent alors leur besogne, se portent en déhors du pied de la meûle, font ensemble de continuels efforts pour soulever et culbuter le pied de la meûle sur le bord de la bâche : quand ils y sont parvenus, ils reprennent le battage comme auparavant.

La graine tombée sur la terre du fond de la meûle, est ramassée soigneusement. Il en est fait diverses sortes qu'on recueille séparément.

L'une sâle, mais sans humidité, est passée au crible avant d'être rentrée ; l'autre chargée de terre humide est mise à part pour être lavée à grande eau en rentrant; séchée de suite à l'air par une belle journée, ou dans l'aire d'une grange, en cas de mauvais temps.

La graine battue et étendue sur la bâche, se trouve pleine de paillettes ou siliques détachées. Elle est alors remuée par des hommes et des jeunes gens munis de rateaux de bois à dents longues et écartées. Les siliques promenées sur la bâche et graduellement ramenées sur ses bords à l'aide du pied et du rateau, sont mises en tas sur le champ ; après s'être assuré toutefois qu'elles ne contenaient plus de graine.

Ainsi débarrassée de la plus grande partie des siliques, la graine est passée au gros crible sur la bâche même où elle a été battue, puis on l'ensache pour la rentrer.

La graine de colza rentrée a besoin d'être épurée au van, au crible, avant d'être livrée à la vente.

Les siliques ou paillettes sont emploiées avantageusement à garnir les paillasses, et traversins des ouvriers. A défaut, on les brûle sur place pour en épandre ensuite la cendre sur le champ.

Les tiges ou feurres de colza mises en bottes, sont bonnes à chauffer le four, à alimenter le foyer domestique. Mêlées à la paille, elles servent à la litière des bestiaux, et donnent de bon fumier. Le feurre emploié aux pieds des meûles, s'y conserve plus longtemps que la paille du blé.

Le battage du colza mis en chaine s'opère de deux manières. La première, en plaçant la bâche au milieu de la chaine, et faisant transporter avec des draps les javelles sur la bâche; ainsi qu'il a été indiqué pour les porter en meûle. Le reste comme pour le battage en meûle.

La deuxième manière consiste à déplacer constamment la bâche pour la mettre vis-à-vis des colzas en chaine, afin de les renverser sur elle pour les battre. Cet exercice nécessite une grande perte de temps et un nettoyage partiel de la graine plus coûteux. L'autre méthode nous semble préférable.

Malgré tous les soins apportés à la récolte du colza, il faut se résigner à perdre beaucoup de graine. C'est inévitable. Aussi ne saurait-on trop recommander de scier avant la chaleur du jour. De ne pas attendre pour scier que la graine soit trop mûre. De ne pas exposer les houppes des javelles au mauvais vent. De laisser séjourner le moins possible les javelles sur terre après le sciage. De placer dans les draps, de porter sur meûle le colza avec beaucoup de ménagement. D'élever les meûles avec précaution, de faire la chasse aux oiseaux pendant toute la récolte. Enfin, répétons-le, des meûles mal façonnées, des chaines longtemps exposées à la pluie, le dégat des pigeons, des oiseaux peuvent réduire la récolte d'une manière effrayante, et dégoûter de la culture du colza. Ce serait fâcheux, car non seulement cette culture est avantageuse par elle-même, mais, c'est encore une excellente préparation de la terre pour le blé, c'est le meilleur dessolis qu'on connaisse.

Nous parlerons du choix de la graine, des diverses espèces de colza cultivées, quand nous serons arrivés à traîter du semis et du plant de colza.

25. *Chanvre sur éteule d'avoine fumée.*

Pour cultiver avantageusement le chanvre, il faut avoir non seulement une terre forte, mais un peu friable, et conservant bien l'humidité. A ces conditions, et malgré que le chanvre soit une plante épuisante, il peut entrer dans un assolement alterne, et devenir une bonne préparation pour le blé, parce que la terre étant fumée pour chanvre, le blé trouve encore un fumier suffisant, et une terre nettoiée par le sarclage du chanvre.

Immédiatement après la récolte de l'avoine, l'éteule est binotée. Le binotis est hersé ; et l'on conduit 12 voitures de fumier court au journal, qu'on enfouit par une raye de brabant de 14 à 16 centimètres (5 à 6 pouces) de profondeur. On laisse ainsi hyverner la terre.

A la fin d'avril, la terre est énergiquement hersée. On lui donne une petite raye de charrue, ou d'extirpateur. On herse, on donne de nouveau un coup d'extirpateur, on herse et l'on roule pour semer.

On s'est souvent bien trouvé de traîter la terre à chanvre de la manière suivante : on binote l'éteule d'avoine aussitôt qu'on le peut. On conduit sur le binotis hersé, 6 à 8 voitures de fumier qu'on enfouit par une bonne raye de brabant ou de charrue. A la fin de l'automne, on conduit 5 à 6 voitures de fumier court par journal qu'on épand en couverture pour passer l'hiver.

Au mois de mars on enfouit ce fumier par une petite raye de charrue, et au moment de semer, on herse, on traite la terre à l'extirpateur, on herse de nouveau, on roule, on sème.

Les plus belles chenevières sont cultivées en planches ou laques comme le colza. C'est une bonne méthode, en ce qu'elle facilite beaucoup la récolte.

Semaille du chanvre.

On doit être difficile sur le choix de la semence. Outre qu'il importe de semer la bonne espèce, il faut être assuré qu'elle est de l'année. La graine sur année lève mal, souvent ne lève pas du tout. On a de plus remarqué, que la graine obtenue sur les plus fortes tiges, donnait à son tour, de plus haute et meilleure filasse. Après avoir convenablement nettoié la graine, on la sème à la volée à raison de 2 à 3 hectolitres par journal. La semaille doit être faite par un beau temps. La semence se recouvre par un coup de herse légère à drues et fines dents, ou avec le dos d'une herse ordinaire. Il faut garder le champ nouvellement semé, par ce que les oiseaux sont très friands de la graine du chanvre, et ne l'abandonnent que quand la levée est complète.

Sarclage du chanvre.

L'usage de sarcler le chanvre n'est pas général ; cependant, la différence du chanvre sarclé à celui qui ne l'a pas été, prouve que la dépense du sarclage est de l'argent bien employé.

On sarcle le chanvre quand il est bien levé, avec des petites binettes larges de deux pouces seulement, semblables à celles dont on se sert pour le plant du colza, on espace en sarclant le plus régulièrement possible, ces plantes à 12 centimètres (4 à 5 pouces) de distance ; un sarclage ordinairement suffit.

Récolte du chanvre.

Le chanvre mâle se récolte avant le chanvre femelle, on reconnait sa maturité lorsque le sommet commence à jaunir. Alors les ouvriers, hommes, femmes, enfants se tiennent dans les rigoles qui séparent les planches; ou en ligne, si la terre n'a pas été mise en billons. Là, ils entrecueillent le chanvre mâle, en font de fortes poignées ou des petites bottes qu'ils placent ensuite en chaine, ou bien ils les exposent au soleil le long des murs ou des haies, pendant cinq à six jours.

Un mois, cinq semaines après la cueille du chanvre mâle, le chanvre femelle est ordinairement bon à cueillir. Sa maturité se reconnait à la consistance que prend la graine, à la couleur des feuilles qui devient jaune.

La cueille s'opère de la même manière que celle du chanvre mâle, excepté que le champ se dépouillant tout à fait de sa récolte, n'oblige plus les ouvriers à rester dans les rigoles pour cueillir.

Quand le chanvre femelle a été exposé pendant cinq à six jours au soleil, on le rentre pour en battre la graine, il est ensuite remis en bottes, et prêt à jetter au routoir. Le chanvre femelle a besoin d'être gardé pendant les cinq à six jours où il est exposé au soleil, afin de défendre sa graine contre la rapacité des oiseaux.

Rouissage du chanvre.

Pour rouir le chanvre, on le jette par bottes à l'eau. Le chanvre mâle y séjourne une huitaine de jours; le chanvre femelle un peu plus long-temps.

Après ce séjour dans l'eau, on retire le chanvre, on l'étale sur le pré ou sur une éteule voisine, prenant le soin de le retourner jusqu'à ce qu'il soit bien sec. — Quand il est bien sec, on le rentre en grange, pour le teiller pendant l'hiver.

Il faut bien se garder de laisser le chanvre trop long-temps au rouissage, il y perdrait de sa qualité et de son prix. Cette opération se fait mieux à l'eau courante, mais elle est dangereuse pour le poisson.

La graine qui n'est pas utilisée pour semence dans l'année, est convertie en huile propre à la peinture et au savon. Les tourteaux sont bons pour l'engrais des bestiaux, ainsi que pour l'engrais des terres.

26. *Blé avec trèfle sur colza ou chanvre.*

Aussitôt le colza, ou le chanvre enlevé, les scieurs auxquels on abandonne souvent les racines du colza, les arrachent pour faire du feu. Cet arrachage fait, on laboure les planches, ou laques de manière à fermer les rigoles qui les séparent, et à égaliser autant que possible la surface du champ.

A cet effet, on se sert du brabant de préférence. Le conducteur ouvre de chaque côté de la première rigole une raie large et profonde de 22 à 25 centimètres (8 à 9 pouces), il promène ainsi de rigole en rigole, ou de laque en laque son brabant, jusqu'à ce qu'il ait parcouru toute la pièce.

Arrivé à l'extrémité du champ, il déterre son brabant d'un trou; et revient en fesant une deuxième raye contre chacune des premières. Revenu ainsi à son premier point de départ, il déterre de nouveau d'un trou, et remonte de la même manière à son second point de départ, puis il revient, et ainsi de suite jusqu'à ce que tout le champ soit labouré.

On comprend que par ce moyen, le laboureur ne fait pour une laque que deux raies à chaque déterrement; et qu'en continuant ainsi le labour de toutes ces laques, il arrive à ne donner au milieu de chaque laque qu'une raye de 12 à 14 centimètres (4 à 5 pouces) pour finir. L'effet de ce labour convenablement conduit, est de remettre le champ d'aplomb. Après le labour, une couple de coups de herse, dont un en levant, l'autre en travers des laques, suffisent pour niveler le terrain. Après celà, la terre est gouvernée à la herse, jusqu'à l'époque de la semaille.

La semence du blé se recouvre à la herse, mais mieux encore au binot.

(*Voir pour ensemencement, pour récolte, etc., pages 33 et suivantes*).

Semaille de trèfle dans le blé.

A la fin de mars, ou commencement d'avril, on sème dans le blé et à la volée, de 8 à 9 kilogrammes de graine de trèfle épurée par journal ou arpent de 41 ares. Beaucoup de cultivateurs ne font rien après avoir semé la graine du trèfle, d'autres la recouvrent d'un coup de herse légère. Ce travail sert parfois dans les forts terrains à ameublir un peu la terre, mais le blé après un fort hiver surtout, ne s'en trouve pas toujours bien. Cependant, nous devons dire qu'en Flandre et notamment dans les environs de Valenciennes, dont la culture est toujours citée avec plaisir; au mois de mars et avril, des ouvriers munis de longs rateaux ratèlent tous les blés, soit qu'on y ait semé du trèfle, soit qu'on n'en ait pas semé. Il est bon d'observer aussi, qu'en automne on jette là de part en part de petites bêchées de terre sur le blé vert. Ces petites mottes abritent d'abord la plante pendant l'hiver, puis effritées après le dégel, et étendues au printemps par le ratelage, elles rechaussent le blé dont les racines ont pu être soulevées par l'effet des gelées. Ce travail est d'autant plus facile, que les champs y sont assez généralement cultivés en billons.

27. *Trèfle sur blé.*

Le trèfle qui a été semé dans le blé l'année précédente, ne demande plus qu'à recevoir au printemps suivant, quelque engrais pour activer sa végétation.

Au commencement du mois d'avril, quand les gelées ne semblent plus à craindre, lorsque le temps radouci ranime la végétation ; on épand à la main sur chaque journal de trèfle 8 à 10 hectolitres de cendre de tourbe. On se sert aussi des cendres piriteuses noire, ou rouge. Mais si on dépassait 3 à 4 hectolitres de cendre noire, 2 à 3 hectolitres de cendre rouge par journal, l'action corrosive de ces cendres pourrait devenir dangereuse. On les sème à la main comme on sème le blé. On plâtre aussi le trèfle, et c'est un bon usage.

Cependant pour plâtrer, il faut attendre que la plante batte un peu au vent. On sème d'habitude 150 à 200 kilogrammes de plâtre cuit et en poudre par journal. Dans quelques localités, au moment des gelées de décembre, on met du fumier en couverture sur le jeune trèfle. Ce fumier est ratelé ensuite au printemps. Cette méthode exige de l'attention pour ne pas laisser étioler la plante qui est sous le fumier. Elle est d'ailleurs coûteuse puisque le fumier ratelé a perdu presque toute sa valeur. Dans d'autres contrées, on jette dans les fosses à purin des tourteaux d'œillette, de colza, de chenevis, on les délaie, puis au printemps, on épand le purin ainsi mélangé et étendu d'eau sur le trèfle. Ce moyen est excellent sans doute, mais il coûte au moins cinq à six fois autant que le cendrage ou le plâtrage. Et puis, il faut avoir des citernes disposées à cet effet, ce qui manque généralement chez nous.

Récolte du Trèfle.

Du 15 à la fin du mois de juin, on saisit le moment où la plus grande partie du trèfle est en fleur pour le faucher.

Si le temps est beau, on étale le trèfle au fur et à mesure qu'il est fauché afin d'en hâter le fânage. Si au contraire, le temps est incertain, il est prudent de le laisser en rang, ainsi qu'il a été fauché. De toute manière, il ne faut pas trop attendre avant de le mettre en meûlot ou meûlon, sans cela, on court plus de chances, et beaucoup de feuilles seraient perdues.

Pour mettre le trèfle en meûlot, lorsqu'il ne fait pas de rosée, on le roule de bon matin, à l'aide de fourches et de rateaux. On l'assemble ainsi en grandes lignes, puis vers dix heures, on commence à amonceler ces lignes pour en former de petits meûlons ou meûlots, prenant le soin de faire rateler le tour de ces meûlots.

Quand le trèfle a séjourné en meûlot pendant 4 à 5 jours, on en assemble cinq à six pour en former un moffle. Ensuite, pour préserver chaque moffle de la pluie, on le couvre d'un bonnet fait avec une gerbe renversée.

Au bout de quinze jours, trois semaines suivant le temps, et suivant aussi la sécheresse des moffles, on s'occupe de les rentrer. Quelques heures avant l'enlèvement des moffles, on les ouvre, on les renverse, afin d'aërer le foin, et de s'assurer qu'il est suffisamment sec.

La mise en meûlots avant l'amofflage est un travail un peu plus coûteux que l'amofflage direct, Mais il permet de relever le trèfle plutôt. On conserve ainsi plus de feuilles, et on diminue les chances de mauvais temps. En définitive, il y a un véritable avantage pour le cultivateur à le faire.

Si le temps a été favorable, la deuxième coupe de trèfle se fait dans le courant du mois d'août. Le travail du fauchage, du fânage, de la rentrée est le même que celui de la première coupe. Il arrive parfois que cette deuxième coupe diffère peu de la première en poids, cependant le foin est loin d'avoir la même qualité, quand le temps a favorisé également deux coupes.

Si au moment de faucher la seconde coupe de trèfle, le temps devenait mauvais, il vaudrait mieux en faire paître une bonne partie sur place, quelquefois même le tout. C'est au cultivateur à consulter le temps, ses besoins, ses ressources en ouvriers, et aussi la valeur de la récolte.

Il n'est rien dit ici de la deuxième coupe de trèfle réservée pour graine. Cet usage n'a guères lieu que dans les terres légères, nous en parlerons en temps opportun.

28. *Lin sur Trèfle.*

Après que la deuxième coupe de trèfle a été enlevée, on laisse pousser un peu la troisième coupe, avant de l'enfouir par une raye de brabant de 13 à 14 centimètres (5 pouces de profondeur) on herse le labour et on parque.

Le parcage est ensuite couvert par un coup de herse de fer énergique, ou par une faible raye d'extirpateur.

Aux premiers beaux jours de mars, on donne à la terre une raye d'extirpateur, on herse, et si la terre n'est pas parfaitement ameublie, on herse de nouveau, on roule et l'on sème. La semence se recouvre par un coup de herse à drues dents, et le lendemain ou surlendemain, on resserre la terre par un fort coup de rouleau.

Semaille du Lin.

Généralement on sème deux sortes de graine de lin.

Le lin de Riga, dit lin de tonne, et le lin d'après tonne ; c'est-à-dire provenant de lin de Riga semé dans notre pays l'année précédente. Les bons cultivateurs ne sont pas d'accord sur la préférence à donner à l'une de ces deux sortes de graine. Cela dépend sans doute du terrain, peut-être aussi de l'époque à laquelle le lin est semé.

En Flandre, on préfère la graine de Riga. Mais à la condition de la semer de très bonne heure. En Picardie au contraire, on paraît préférer l'après tonne. Quoiqu'il en soit, qu'on sème l'une ou l'autre graine, il en faut un grand hectolitre par journal. La graine de lin, celle de Riga surtout est souvent mêlée de graines étrangères, notamment de cameline ; il convient donc de l'épurer avec soin avant de la semer. La graine se sème à la volée, et demande beaucoup d'attention de la part du semeur. Il doit prendre le moins de marche possible, ou semer à deux reprises, si le vent le contrarie.

Sarclage du Lin.

Quand le lin a atteint 10 à 12 centimètres de hauteur (4 à 5 pouces) il faut se hâter d'en extirper les mauvaises herbes. Ce travail se fait à la main. Des femmes, des enfants agenouillés en ligne parcourent la largeur ou la longueur du champ, arrachant toutes les herbes, mais en ménageant autant que possible la plante du lin. Pour moins fatiguer cette plante, il convient qu'un, deux ou trois ouvriers, suivant le nombre des sarcleurs, recueillent les herbes de tous, et seuls les transportent hors du champ. Quinze jours à trois semaines après le premier sarclage, on en fait un second, après lequel on attend la maturité du lin.

Récolte du Lin.

Quand on voit la plante pâlir, les feuilles se détacher, lorsqu'en ouvrant quelques capsules elles montrent une graine bien formée; le lin est bon à cueillir. Des femmes, des enfants, des vieillards l'arrachent des deux mains poignée à poignée, pour le placer en ligne sur le champ.

Chaque jour le lin arraché la veille doit être retourné. Une couple de jours après l'avoir retourné, on le met en calot. Il y reste pendant quatre à cinq jours, après lesquels il est lié en bottes d'environ 7 à 8 kilogrammes pour être mis en chaine. A cet effet on choisit l'emplacement le plus convenable. On laboure à l'endroit choisi, une planche d'environ deux mètres de large, on herse le labour, on le roule, puis on met le lin en chaine sur cette planche, et on le laisse sécher entièrement, avant de le rentrer pour en battre la graine. On met aussi le lin en chaine à mesure qu'il est cueilli. On recouvre alors les chaines avec de la paille ou du lin placé en long, sur leur sommet; et on attend ainsi qu'il soit bien sec.

On bat le lin avec une batte formée d'un morceau de bois de noyer de 33 centimètres de long sur 20 de large (12 pouces sur 7) ayant 5 à 6 centimètres d'épaisseur (2 pouces environ) auquel on met un manche placé obliquement. Le batteur délie une botte de lin, l'étend dans l'aire, frappe sur les capsules, retourne le lin, frappe de nouveau avec sa batte, secoue les tiges pour en faire tomber toute la graine, relie la botte, qui ainsi disposée attend le rouissage.

La graine criblée, nettoiée se vend pour semence quand elle provient de lin de tonne, et pour faire de l'huile, quand elle provient d'après tonne.

Rouissage du Lin.

Le lin se rouit de deux manières.

La première consiste à étaler sur l'éteule (d'une terre légère autant que possible) le lin en lignes. On retourne ces lignes de temps en temps, on les laisse ainsi exposées jusqu'à ce que la pluie, ou les rosées aient fait pourir suffisamment la tige du lin.

La deuxième manière de rouir, se fait en jettant à l'eau les bottes de lin, jusqu'à ce que les tiges suffisamment atteintes permettent d'en détacher la filasse. Quand après des visites multipliées, on a reconnu que le lin avait assez d'eau, on le retire, on délie les bottes, on les étale sur un terrain convenable, on les retourne avec soin, et quand le lin est bien sec, on le rentre pour le teiller ou écoucher. La première manière de rouir est plus facile, moins assujétissante, mais elle donne à la filasse une couleur brune, peu favorable à la vente. La deuxième manière au contraire, conduite avec intelligence, donne au lin une couleur blonde recherchée de l'acheteur.

Écouchage ou teillage du Lin.

L'hiver venu, les travaux des champs ont cessé, c'est ordinairement cette époque que le cultivateur choisit pour écoucher ou teiller le lin. Dans un petit atelier disposé à cet effet, l'écoucheur délie une botte de lin roui, l'étale, le maillotte avec une batte semblable à celle qui a servi à battre la graine de lin, hormis que celle-cy a des crans.

Quand le lin a été suffisamment maillotté, le teilleur en passe le pied au mâchoir pour achever d'en briser la chenevotte. Puis vient l'écanguage.

Deux instruments servent à cette opération.

La planche à pied, et l'écangue. — La planche à pied a une entaille faite de gauche à droite sur les deux tiers environ de la largeur de la planche, et de 5 à 6 centimètres d'ouverture (2 pouces environ).

Cette entaille suivant la taille et les habitudes de l'écoucheur, est placée à la hauteur d'un mètre, à un mètre 16 centimètres du sol, (soit de 3 pieds à 3 pieds 1|2).

L'écoucheur prend de sa main gauche une poignée de lin maillotté, en passe les deux tiers par l'entaille ; et avec l'écangue tenue de la main droite, bat le lin passé par l'entaille. Il a le soin de retourner et de donner un petit mouvement au lin, pour ne pas le frapper de l'écangue toujours à la même place. Quand il a ainsi battu un certain nombre de poignées ; il les assemble pour en former une botte.

Ce travail demande certaine habitude pour éviter un déchet qui pourrait devenir assez considérable et sans améliorer, tant s'en faut la qualité de la filasse. Il est donc essentiel d'avoir un bon écoucheur quand le cultivateur n'écouche pas lui-même. Il faut dire encore, qu'un rouissage bien fait facilite l'écouchage, diminue le déchet, et donne à la filasse une qualité supérieure.

Beaucoup de cultivateurs pour éviter les embarras du rouissage et de l'écouchage, vendent leur lin sur pied. Les acheteurs le cueillent et le travaillent en famille. Cela dépend beaucoup des localités, des chances qu'on veut courrir, des ouvriers dont on peut disposer.

En vendant sur pied, le cultivateur est tenu d'après un usage assez général, de prêter sa grange pour battre la graine, et de conduire le lin chez l'acheteur.

29. *Hyvernache sur Trèfle.*

La deuxième coupe de trèfle étant enlevée ; ou même avant son enlèvement, quand les moffles ont été disposés en ligne : on se hâte de donner à la terre une raye de brabant de 16 à 18 centimètres (6 à 7 pouces de profondeur) on herse le labour à diverses reprises, on roule, et l'on sème l'hyvernache à la volée.

Semaille d'Hyvernache.

On sème ordinairement un hectolitre de graine d'hyvernache pure par journal. Nous conseillons d'y joindre 25 litres de seigle et de semer le tout ensemble. La semence se recouvre avec la herse, puis on hérissonne la terre, comme pour le blé. L'hyvernache doit se semer à la fin de septembre, au commencement d'octobre au plus tard. C'est par là que le cultivateur doit commencer sa semaille d'automne.

L'hyvernache est fort sensible au froid. Cette sensibilité est bien connue, puisque dans certains endroits, les cultivateurs pour la garantir des gelées, la couvrent au commencement de l'hyver d'un fumier long et pailleux. Ce moyen peut bien empêcher une partie de la plante de périr par le froid, mais au printemps, l'hyvernache étiolée, languissante, résiste mal aux rayons du soleil, tandis que le seigle tout en abritant l'hyvernache, ne la prive pas de l'air dont elle a besoin, et elle arrive ainsi au printemps avec une vigueur qui lui permet de profiter de tout le temps favorable à la végétation. Ce n'est pas tout encore, après l'avoir abrité pendant l'hiver, le seigle sert aussi à ramer l'hyvernache pendant l'été, il l'empêche de s'affaisser par les pluies d'orage, et de pourrir au pied, de sorte qu'il est rare à la récolte de la voir tout-à-fait gâtée, comme il arrive souvent de l'hyvernache semée pure.

Récolte de l'Hyvernache.

Vers la fin du mois de juin, mais plus souvent courant de juillet, alors qu'on remarque les cosses du pied jaûnir, et celles du haut assez pleines; l'hyvernache est bonne à couper.

On l'abat à la grande faulx, cependant le picquetage est préférable. On laisse les javelles étendues un jour ou deux sur terre, on lie trois javelles pour en faire une botte, puis on met les bottes en chaine.

A cet effet, on dispose le terrain comme il a été indiqué pour le lin.

Les chaines se font en plaçant d'abord deux bottes l'une contre l'autre, et tout en leur donnant un peu de pied. Cela sert à consolider les chaines, et à établir un courant d'air d'un bout à l'autre. Sur les deux premières bottes, on en place deux autres, et l'on continue ainsi à former une chaine d'une longueur indéterminée. Chaque chaine est recouverte avec d'autres bottes placées à plat et en long, et mises de telle sorte que la deuxième botte couvre la houppe de la première, la troisième la houppe de la seconde et ainsi de suite, de manière que la chaine finit par présenter une couverture dont toutes les houppes sont cachées et préservées de la pluie, par le pied des bottes. On consolide ces chaines, comme celles de colza, par quelques bêchées de terre jettées au pied et aux coins. Mise en chaines ainsi établies, l'hyvernache peut rester un mois, six semaines et même plus, dans les champs, sans courrir de dangers sérieux. Après ce temps, on rentre un fourrage d'une bonne qualité, d'une belle couleur, dont les animaux sont friands, surtout les moutons.

Les chevaux nourris avec l'hyvernache s'entretiennent bien. Mais il serait économique de la couper comme on le fait en Flandres avec le hâche-paille, plutôt que de la leur donner en bottes. Donné en bottes, ce fourrage échauffe un peu, parce que les chevaux tirent, mangent le grain, et laissent la paille du seigle; tandis que coupée et servie dans l'auge, la paille est mangée avec le grain.

4.

30. *Blé sur Lin.*

Aussitôt le champ débarrassé du lin, on se hâte de le herser, et de lui donner une raye de brabant, ou de charrue de 14 centimètres (5 pouces de profondeur environ). Puis on gouverne la terre à la herse, jusqu'au moment de semer. La semence se recouvre de préférence au binot. Par ce moyen, le blé au sortir des gelées se déchausse moins. Il convient de herser et hérissonner pour resserrer la terre autant qu'on le peut. Le lin est après le colza, le meilleur dessolis pour blé.

(Voir pour semence, récolte, battage etc. Pages 33 et suiv.)

31. *Blé sur Hyvernache.*

Ce blé, en raison du seigle mis dans l'hyvernache précédente, a besoin pour réussir d'être parfaitement soigné.

On commence d'abord par herser l'éteule d'hyvernache aussitôt que celle-ci est mise en chaine. On donne ensuite à la terre une raye de 14 centimètres (5 pouces de profondeur) avec le brabant. On place le parc sur le labour ; on sème et l'on enfouit la semence avec le parcage par un léger binotis ; on herse, et on hérissonne. Quand on ne peut pas parquer avant de semer ; on commence par semer. Puis on enfouit la semence au binot, on herse, et l'on finit en plaçant le parc sur le blé semé.

Il n'est pas rare de voir le blé ainsi traité donner une récolte supérieure à tout autre blé ; tant il est vrai que la terre a besoin d'être resserrée pour cette céréale.

(Voir pour semence, récolte etc. Pages 33 et suivantes.)

32. *Betteraves sur 2 journaux d'éteule de blé.*

La récolte du blé enlevée, l'éteule doit être retournée par une raye de binot. Dans le couraut d'automne, on herse le binotis, on conduit une douzaine de voitures de fumier par journal de 41 ares, on l'enfouit au gros binot, on laisse ainsi hyverner la terre.

A la fin de mars, ou mieux dans le courant d'avril, on herse énergiquement et à diverses reprises la terre, jusqu'à ce que le fumier soit bien mêlé et rompu. Alors, on donne une raye de brabant de 20 à 22 centimètres (environ 7 pouces de profondeur), on herse, on roule jusqu'à ce que la terre soit bien préparée, et sans interruption on sème, afin que la graine trouve la fraîcheur nécessaire à sa germination. La semence est recouverte par un coup de herse, suivi d'un coup de rouleau.

Semaille de Betterave.

On cultive plusieurs espèces de betteraves. La jaune de Castelnaudary hâtive. La blanche de Silésie pour la fabrication du sucre, et ses variétés à peau rose.

Quoique cette dernière espèce soit aussi fort bonne pour la nourriture du bétail ; quelques cultivateurs lui préfèrent la disette, ou la grosse betterave rouge, dont les racines dans le cours de sa végétation sortent presqu'entièrement de terre. Ils prétendent qu'elle donne plus de poids, et que cet avantage compense la qualité de la betterave à sucre.

Quoiqu'il en soit, la betterave de Silésie est aujourd'hui la plus généralement cultivée. On trouve sa graine pure avec toute facilité, tandis qu'il arrive souvent que la graine de disette est mêlée de bettes ou de mauvaises graines. Cette circonstance est à considérer pour les cultivateurs qui ne font pas eux-mêmes leur graine.

Au reste, la graine est si facile à produire, que

nous leur conseillons de la faire. A cet effet, on choisit dans l'espèce de betterave qu'on préfère, des racines fusiformes de moyenne grosseur, et bien saines; on abat les feuilles du collet avant de les mettre dans un petit silo. Au printemps, on les repique dans de la terre bien amendée, bien préparée à la bêche; on les place à la distance de 75 à 80 centimètres (24 à 30 pouces en tous sens). On les rame quand on voit la graine affaisser les tiges, on coupe ces tiges quand la graine commence à sécher, on les met en botte, on les suspend au grenier, et au printemps suivant on détache la graine à la main, ou bien au fléau pour la semer.

Chaque pied peut donner environ 125 grammes de semence, ou 1/4 de livre.

On sème communément à la volée et à raison de 5 à 6 kilogrammes de graine de betterave par journal de 41 ares. On recouvre la semence par un ou deux coups de herse, on roule si le temps convient; et on attend ainsi la levée.

Si au bout d'un mois la levée se fait mal; si après la levée la plante se mange, disparaît; il n'y a pas à hésiter, il faut donner à la terre un coup d'extirpateur, herser, et resemer. C'est pour cela qu'il est bon de commencer à semer de bonne heure. Il est avantageux de pouvoir semer la betterave en ligne, cela facilite beaucoup le sarclage: surtout pour les contrées ou les ouvriers sont peu familiarisés avec ce genre de travail.

Mais jusqu'ici le haut prix des semoirs mécaniques est cause que les fabricants de sucre indigène, ou quelques forts cultivateurs seuls, en ont osé faire la dépense; et nous devons observer que nos conseils sont particulièrement adressés à la moyenne culture, aux ménagers, aux petits fermiers.

Sarclage des Betteraves.

Aussitôt que la plupart des betteraves ont pris quatre feuilles, il est temps de les sarcler. Le premier sarclage ayant pour but principal de nettoier la terre, se fait légèrement. Après ce premier sarclage ; si le temps est sec, un coup de léger rouleau produit bon effet.

Le deuxième sarclage a lieu une quinzaine de jours après le premier. Cela dépend du temps, ainsi que du développement de la betterave.

Ce second sarclage le plus important de tous, sert à nettoier, à ameublir la terre ; mais en même temps, il a pour but, d'espacer le plus régulièrement possible les plantes de 40 à 50 centimètres (15 à 18 pouces les unes des autres). Il faut tenir la main à ce qu'il ne reste pas de betteraves doubles, et à ce que sans trop de rudesse, le sarcleur approche sa houette sans offenser la plante.

Environ une quinzaine de jours après ce second sarclage, quelquefois immédiatement après, cela dépend des contrariétés du temps ; on sarcle pour la troisième fois. Mais comme la betterave alors a acquis une certaine force, on peut en approcher sans crainte de l'offenser. Si le second sarclage a été bien fait, le troisième sarclage n'a plus pour but que de diviser, d'ameublir la terre autour de la betterave.

Il arrive souvent que les pluies surviennent pendant les sarclages, et empêchent les herbes parasites de périr : il convient alors, de donner un et même quelquefois deux sarclages de plus. Le cultivateur aurait tort de regarder à la dépense, il en sera toujours indemnisé par l'augmentation de sa récolte.

Récolte des Betteraves.

Vers la mi-octobre, on voit les feuilles de la betterave jaunir, se tâcheter de petits ronds semblables à des yeux de perdrix. Ces signes indiquent la maturité des racines, et le moment de les arracher.

Un homme, une femme, une jeune fille se place au milieu d'un carré convenable de betteraves. Là muni d'une courte bêche, il soulève la betterave, la prend par les feuilles d'une main, et la secoue en la frappant sur le manche de sa bêche. Cette betterave est ensuite jettée à des enfans qui suivent. Ceux-ci prennent une ou plusieurs betteraves dans chaque main, suivant leur grosseur, et les tenant par les collets, les frappent les unes contre les autres pour en faire tomber la terre. Puis il les placent en rond au milieu du carré choisi par l'arracheur.

Ce rond, grand de 100 à 125 centimètres (3 à 4 pieds) est formé des betteraves dont toutes les pointes sont tournées en dedans ; et les feuilles en dehors. Au milieu de ce rond sont jettées les betteraves sans feuilles, ou celles montées à graine, et décolletées avec la bêche au moment de l'arrachis. Un second rang de betteraves est placé sur le premier, un troisième sur le second, et ainsi de suite jusqu'à ce que le meûlon ait atteint la hauteur d'un mètre à-peu-près. Il est bon d'observer que l'intérieur du meûlon n'est provisoirement garni de betteraves que jusqu'à la hauteur de 65 centimètres ou deux pieds, quand cette espèce de couronne un peu retrécie en s'élevant, arrive à la hauteur d'un mètre ou trois pieds ; il s'y trouve par conséquent un creux d'environ 33 centimètres ou un pied. Ce creux est rempli par les enfants qui en poussant les betteraves du sommet, parviennent à fermer la couronne. Les betteraves ainsi disposées représentent un meûlon couvert de feuilles. Par ce moyen, les racines se trouvent à l'abri des gelées précoces qui se font sentir parfois au moment de l'arrachis, gelées qui font beaucoup de mal à la betterave.

Les betteraves ainsi arrachées et mises en meûlons, le cultivateur peut à son choix les rentrer avec leurs feuilles, pour les donner aux bestiaux ; ou les faire décolleter et mettre en silo sur-le-champ même qui les a produites.

Quant bien même le cultivateur posséderait une cave, un hangard où il penserait devoir serrer ses betteraves ; nous lui conseillerions encore de les mettre en silo. Dans les terrains argileux, elles s'y conservent beaucoup mieux et sont plus difficilement atteintes des gélées. On peut ainsi les charrier pendant l'hiver quand tous les travaux ont cessé, et les rentrer au fur et mesure des besoins.

Un silo est une fosse creusée dans la terre qui a ordinairement 4 mètres de longueur 80 centimètres de largeur, et autant de profondeur, soit 16 pieds sur 2 pieds 1[2 de largeur et de profondeur. Dans cette fosse, on jette pêle-mêle quoiqu'avec ménagement les betteraves jusqu'au ras de terre. Arrivé là, on les range en tournant toutes leurs pointes en dedans, afin que les collets forment une couverture cintrée.

On rejette sur cette espèce de toiture de betterave toute la terre qu'on a tirée en creusant le silo. On en fait un toit conique qu'on bat ensuite du plat de la bêche. Tout autour du silo, il est bon d'ouvrir une petite rigole de 50 centimètres (un pied 1[2) de large, et d'autant de profondeur pour l'écoulement des eaux. On peut ainsi conserver la betterave jusqu'au mois de mai.

Vers la fin du mois d'août, courant de septembre, quelques cultivateurs cueillent les grandes feuilles de chaque betterave, et continuent cette cueillette jusqu'à l'arrachis des racines. C'est sans doute une ressource pour nourrir le bétail, mais cette méthode nuit beaucoup au développement des racines et l'on perd par là, pour le moins tout ce qu'on a cru gagner.

33. *Trèfle anglais en culture dérobée, obtenu sur 2 journaux d'éteule de blé.*

Aussitôt le blé enlevé, l'éteule est retournée par une petite raye de brabant de 10 à 12 centimètres (3 à 4 pouces de profondeur). Le labour est hersé, roulé, puis on sème à la volée 16 à 17 kilogrammes de trèfle anglais par journal. On recouvre la semence avec la herse, et l'on finit par un coup de fort rouleau. Au printemps suivant, on jette 10 à 12 hectolitres de cendre de tourbe par journal, ou 200 à 250 kilog. de plâtre cuit. Courant de mai, on a ordinairement une abondante récolte de trèfle. Il faut se hâter de couper le trèfle anglais quand il commence à fleurir; sa fleur passe très-vite, et cette plante si bonne, si généreuse donnée verte au bétail, fait un foin des plus médiocre. Après cette récolte, on se dépêche de planter la pomme de terre ainsi qu'il est indiqué ci-après.

34. *Pommes de terre sur Trèfle anglais.*

Le champ n'est pas plutôt débarrassé du trèfle anglais, qu'on se hâte de le binoter. On herse ensuite énergiquement le binotis, puis on donne à la terre une raye de brabant de 16 centimètres (6 pouces) de profondeur suivie d'un hersage.

La pomme de terre a besoin d'engrais. Aussi la met-on ordinairement sur fumier. Mais comme notre assolement ne permet pas de la planter de bonne heure; comme d'autre part, il n'est pas certain qu'il restera du fumier pour elle, sachant de plus, par expérience, que la colombine mêlée de cendre et de paillette vaut au moins le fumier pour la quantité et surtout pour la qualité des pommes de terre, nous allons décrire une manière de les cultiver qui nous a toujours réussi,

Plantage de la Pomme de terre.

On coupe d'avance des morceaux de pommes de terre contenant deux œils, sans plus. On assemble et l'on bat la colombine avec la poulnée ou fiente de poule. On y ajoute de la cendre de tourbe, de la suie, des cendrettes de chaux, du terreau, des paillettes, enfin tout ce qu'on peut ramasser d'engrais pulvérulent. On mêle bien le tout. Ce mélange est ensuite conduit sur-le-champ labouré et hersé : on le place en tas de distance en distance, on en fait autant pour les morceaux de pommes de terre, et le tout étant ainsi disposé ; le laboureur ouvre avec une charrue à deux fers, une raye de 15 à 16 centimètres, (6 pouces) de profondeur sur la lisière du champ. Alors des femmes, des enfants munis de paniers ou de petites mannes, contenant des morceaux de pommes de terre, descendent dans la raye ouverte par la charrue, et placent ces morceaux à la distance de 35 à 40 centimètres, (12 à 14 pouces) l'un de l'autre. Ce travail se fait assez régulièrement, quand l'ouvrier descendu dans la raye, et plaçant son talon contre le morceau précédent, dépose à 3 ou 4 pouces du bout du pied, un nouveau morceau de pomme de terre.

D'autres femmes ou jeunes filles munies de mannes dans lesquelles elles ont mis du compost indiqué ci-dessus, se tenant à côté de la raye, prennent une poignée du compost et la déposent sur chaque morceau de pomme de terre. Pour ne pas faire chômer les planteurs, ni la charrue ; tandis que les planteurs sont occupés à la 1re raye : le laboureur après avoir mesuré très exactement l'espace de 20 pas à chaque bout de son premier sillon, ouvre une nouvelle raye à cette distance et la plus droite possible. Durant ce temps, les planteurs ont achevé de planter la première raye, alors la charrue revient ouvrir une deuxième raye sur la première, pour recouvrir la pomme de terre plantée ; puis elle ouvre une autre raye de suite, dans laquelle les ouvriers reviendront planter. On conçoit que pendant le temps que le laboureur passe à ouvrir ces deux dernières rayes, les ouvriers peuvent planter et arranger la raye distancée. La charrue retourne alors ouvrir deux nouvelles rayes sur celle distancée ; la première raye sert à couvrir le plantage, et la seconde à recevoir les morceaux de pomme de terre et le compost. Par ce moyen, le travail se fait sans interruption. Le plantage a lieu à chaque deux rayes, et la charrue ainsi que les planteurs se portent alternativement de gauche à droite pour revenir de droite à gauche, jusqu'à ce que la planche de quinze pas soit entièrement plantée. Alors, le laboureur mesure le même espace pour le planter, puis un autre, et ainsi de suite jusqu'à ce que tout le champ soit planté. Avant tout, il faut avoir espacé d'une manière convenable et intelligente les tas de compost, ainsi que les tas de pommes de terre, afin de ne pas nécessiter un trop grand déplacement aux planteurs pour se charger. Si le nombre de femmes, d'enfants a été bien calculé. La plantation se fait sans interruption, avec beaucoup de promptitude, et de régularité.

La méthode ci-dessus nous semble préférable à celle qui consiste à couper le champ en deux parties sur la longueur, afin de planter une demi raye à chaque raye. Par le moyen que nous indiquons, le buttage se fait avec la charrue et sans difficulté sur toute la ligne, tandis qu'il faut beaucoup d'adresse de la part du conducteur, beaucoup de docilité chez le cheval pour pouvoir transporter la charrue à butter, d'un sillon à l'autre, quand la charrue est arrivée au milieu de la raye.

Aussitôt le plantage achevé, la terre est fortement hersée. On la herse de nouveau une ou deux fois après la levée, afin de la maintenir nette et meuble jusqu'au buttage. Quand la pomme de terre commence à fleurir, on sarcle d'abord lestement l'entre-deux des pieds, puis on butte, les lignes soit avec la charrue à butter, soit à la houe; après quoi, on attend la maturité.

Récolte de la Pomme de terre.

La pomme de terre est mûre quand on voit sa fâne se flètrir et noircir, ce qui a lieu courant d'octobre lorsqu'elle est de saison.

Alors, on choisit une belle journée pour arracher.

Il y a deux manières de déplanter la pomme de terre, à la charrue, ou à la bêche.

La première méthode est plus économique, plus expéditive, mais elle laisse beaucoup de tubercules en terre.

La seconde est plus facile, mais elle est lente et coûteuse. C'est au cultivateur à juger d'après la facilité qu'il a de se procurer des ouvriers, d'après le prix qu'il les paie, laquelle des deux méthodes lui est la plus avantageuse.

L'arrachage des pommes de terre à la bêche est trop simple et trop connu, pour qu'il soit besoin d'en parler.

Le déplantage à la charrue s'opèrant de plusieurs manières, voici celle qui nous semble préférable.

On dispose une charrue de pays avec un double versoir en bois assez élevé. Le conducteur place le fer assez profondément pour soulever toutes les touffes de pomme de terre, et déplanter ainsi toute une ligne sans arrêter.

Cette ligne déplantée, il place sa charrue à la cinquième ligne de pommes de terre suivante qu'il soulève de la même manière.

Il continue ainsi à déplanter tout le champ en laissant entre chaque ligne déplantée quatre lignes intactes. Par ce moyen, les ramasseurs ne sont pas entravés dans leur travail par le passage continuel des chevaux et de la charrue.

Arrivé à l'extrémité du champ, le conducteur reprend de part en part une des quatre lignes laissées intactes, de sorte qu'il revient à l'endroit où il a commencé, ne laissant plus que trois lignes à déplanter par tranche. Il remonte en déplantant une nouvelle ligne et n'en laisse plus que deux, il redescend n'en laissant plus qu'une, enfin il revient arracher la dernière, et tout le champ se trouve déplanté.

Conservation de la Pomme de terre.

La pomme de terre étant rentrée bien sèche, bien mûre, mise en cave, ou dans quelqu'autre endroit sain se conserve jusqu'en avril. Avec la précaution toutefois d'en arracher les germes qui se développent en février ou mars, et quelquefois plutôt.

Dans les terrains argileux, on la conserve aussi fort bien en silo, ainsi qu'il a été indiqué pour la betterave. Cependant, pour plus grande sécurité, il conviendrait de donner aux silos à pomme de terre moins de largeur et de profondeur qu'aux silos à betteraves.

Il existe une multitude de variétés de pommes de terre, mais toutes ne semblent pas convenir aux mêmes terrains. Ensuite il en est peu qui donnent en même temps, et la quantité et la qualité.

Dans la terre forte, un peu argileuse, on cultive avec succès la jaune de Hollande dite Brugeoise.

Dans les terrains légers, la pomme de terre grise sans acquérir un gros volume, se recommande par sa bonne qualité. Elle est excellente dans les terres sableuses, mais elle est peu généreuse.

La pomme de terre noire est recherchée pour la table, dans certaines localités. Dans d'autres, la grise, la rouge, la longue lui sont préférées.

Nous recommandons la Brugeoise, ou patraque-jaune comme abondante, se conservant bien et convenant à l'homme ainsi qu'aux animaux.

On a beaucoup parlé de la pomme de terre de Rohan. Elle est en effet généreuse ; mais difficile sur le choix du terrain, exigeante sous le rapport des engrais, elle est de qualité bien médiocre. Tout au plus devrait-on en conseiller la culture pour les bestiaux.

Du reste, il est bon de consulter les besoins, les goûts, les ressources de la localité, avant de donner la préférence à une espèce de pomme de terre, plutôt qu'à une autre.

On ne saurait toutefois trop insister sur la propagation de la culture de la pomme de terre, par la raison que le temps contraire aux céréales, est presque toujours favorable au développement de ce tubercule. Il est bien probable que sans son introduction en France, l'accroissement de la population, la lenteur des progrès agricoles, auraient depuis un demi siècle occasionné déjà plusieurs famines. Grâce à la philantropie de Parmentier, ce savant modeste, la pomme de terre, comme un bienfait de la providence, est venue à point, pour compenser le manque de céréales des années calamiteuses, et assurer ainsi en tout temps, à la population, une nourriture saine, et d'un prix peu élevé.

35. *Féveroles sur Betteraves et Pommes de terre avec demi-fumure.*

Après la récolte des betteraves et des pommes de

terre, si on peut fumer avant l'hiver ; on commence par binoter fortement la terre. Si au contraire, on prévoit ne pas pouvoir fumer avant le printemps, on donne une forte raye de brabant de 15 à 16 centimètres (6 pouces environ) pour passer l'hiver. Dans l'un, comme dans l'autre cas ; un demi fumier suffira aux féveroles en raison du fumier mis pour la betterave et de l'engrais mis en plantant les pommes de terre.

Si l'on fume avant l'hiver, le binotis est d'abord hersé. Puis on conduit 7 à 8 voitures de fumier par journal, on l'épand le plus uniformément possible, on l'enfouit de suite au binot.

Au mois de mars suivant, la terre est énergiquement hersée, on lui donne une raye de brabant de 14 centimètres (5 pouces) pour bien recouvrir le fumier ; on herse, on roule ; après quoi la terre est prête à être semée.

Quand on ne peut pas conduire le fumier avant l'hiver, on donne à la terre après l'enlèvement des betteraves et pommes de terre, une raye de brabant de 15 à 16 centimèt. (6 pouces) de profondeur ainsi qu'il a été indiqué au commencement de cet article. On laisse ainsi passer l'hiver à la terre. Aux premiers beaux jours du printemps, on se hâte de donner un coup d'extirpateur, on herse et l'on charrie 7 à 8 voitures de fumier au journal, on épand ce fumier dans la raye à l'aide d'un fourché, et au fur et mesure que la charrue ouvre sa raye.

Semaille de Feveroles.

Pour semer la feverole, le laboureur ouvre une raye de charrue de 11 centimètres (4 pouces) de profondeur environ. Des femmes, des enfans munis de paniers, jettent dans cette raye les feveroles à la main, et de manière à en semer environ 150 litres par journal de 41 ares.

La charrue ouvre une autre raye en revenant pour couvrir la première, puis celle-cy est semée à son tour comme il vient d'être dit, on place les semeurs à distance convenable pour entraver le moins possible le travail de la charrue, quand tout le champ a été ainsi semé, on le herse bien une première fois en levant, une deuxiéme fois en long, on attend la levée.

On cultive deux sortes de feveroles, la ronde qui a la forme d'un gros pois est de bonne qualité et se conserve bien. La feverole plate est plus généreuse en grain. Quelques cultivateurs ne sèment qu'une raye sur deux, cette méthode est bonne, surtout quand on doit sarcler les feveroles.

Sarclage des Feveroles.

Quant les feveroles ont atteint 11 à 14 centimètres (4 à 5 pouces de haut), la terre se couvre ordinairement de mauvaises herbes, on sarcle alors les entre-lignes à la main. Il est presque toujours utile de les sarcler deux fois. Cela dépend de l'état de netteté et de division où se trouve la terre, en ce cas, le dernier sarclage doit être fait avant la pleine floraison ; le blé suivant n'en vaudra que mieux.

Les flamands qui cultivent beaucoup la feverole, pour obtenir une maturité plus égale et plus prompte, coupent le haut des tiges après la floraison. Ils prétendent par là obtenir plus de grain.

D'autres cultivateurs sèment la feverole à la volée, en y mêlant de la vesce, de l'avoine et de gros pois. Cet usage fournit un bon fourrage, mais ne permet pas de sarcler. Dès lors le blé qui suit trouve la terre mal propre, et peut faire perdre au cultivateur bien au delà de ce que le fourrage précédent lui aurait fait gagner. Nous conseillons donc le semis en ligne avec sarclage, comme une bonne préparation pour le blé, et un bon dessolis.

Récolte des Féveroles.

Lorsque le grain des dernières cosses a acquis certaine fermeté, celles du bas commencent ordinairement à noircir. C'est le moment qu'il faut choisir pour couper les feveroles. On les abat ordinairement à la faulx, cependant, le piquet lui est de beaucoup préférable. On met les feveroles en javelles de grosseur moyenne, et le lendemain du jour où elles ont été abattues, on en lie trois javelles pour en former une botte. Les bottes sont ensuite mises en chaine comme il a été dit pour l'hyvernache. On retourne les chaines, en mettant les bottes de dedans en déhors, afin de les aérer et sécher également. Trois semaines, un mois après la mise en chaine; on s'assure si les tiges et les cosses sont bien sèches avant de les mettre en meûle ou de les rentrer en grange.

La feverole est une excellente nourriture, notamment pour les chevaux. Concassée et mêlée à l'avoine, elles les entretient parfaitement. Il est fâcheux que cette méthode soit peu usitée dans nos campagnes, par la difficulté qu'on éprouve à faire concasser la graine au meunier. A cet effet, il faudrait qu'on trouvât un instrument simple, et peu couteux. Alors, on secouerait les bottes de feveroles pour en faire tomber la graine qu'on donnerait concassée, et l'on jetterait les tiges au ratelier pour lester les chevaux, et prolonger un peu leur repas.

Les moutons sont aussi fort avides de feveroles. On assure pourtant, qu'il est prudent de ne donner aux bestiaux la feverole qu'après les gelées. Alors elle les échauffe moins, et les entretient vigoureux.

36. *Blé sur Féveroles.*

Aussitôt que les féveroles sont mises en chaine, la terre est hersée avec énergie, et à plusieurs reprises. On lui donne ensuite une petite raye de brabant de 11 à 14 centimètres soit 4 à 5 pouces de profondeur. On herse de temps en temps, et l'on hérissonne jusqu'au moment de la semaille.

La semence se recouvre à la herse. On promène ensuite le hérisson sur la terre autant qu'on le peut.

Voici une autre manière de traîter le blé remis sur feveroles, qui a très souvent réussi. Mais il faut au préalable que les feveroles aient été bien sarclés ; car si la terre n'était pas nette, on ferait sans doute de mauvaise besogne.

Les chaines de feveroles faites ; on herse avec une herse à dents de fer et à diverses reprises l'éteule de feveroles. On sème et l'on enfouit la semence au binot. On herse, puis on passe le hérisson sur le hersage. Les feveroles sont encore une bonne préparation pour le blé, un bon dessolis : mais à la condition de sarcler, nous le répétons.

(*Semaille. récolte etc. voir pages 33 et suiv.*)

37. *Avoine sur Blé.*

L'avoine étant placée immédiatement sur éteule de blé, se trouve ici dans une plus mauvaise condition que celle précédente, bien que celle-là soit venue après une récolte dérobée. C'est pourquoi, il importe dans la terre forte, de multiplier les labours, de soigner la préparation de la terre.

Peu de temps après la récolte du blé, on binote l'éteule, puis, dans le courant de l'automne, à l'approche de l'hyver, on donne à la terre une raye de brabant de 14 à 16 centimètres 5 à 6 pouces de profondeur, on la laisse ainsi passer l'hiver.

Au printemps, on donne un premier coup d'extirpateur en levant. On herse, on donne un nouveau coup d'extirpateur en long. On herse de nouveau, on roule, et l'on sème. La semence est recouverte avec l'extirpateur.

(Voir pour le surplus pages 43 et suiv.)

38. *Colza sur éteule d'Avoine fumée.*

(Voir pour repiquage, récolte etc. pages 47 et suiv.)

39, *Blé avec Trèfle sur Colza.*

Il est convenable de mettre un journal de seigle pour faire des liens ; à la place d'un des quatre journaux de blé dont il est ici question.

(Voir pour le surplus pages 33 et suiv.)

40. *Trèfle sur Blé.*

(Voir pages 65 et suiv.)

41. *Plant de Colza mis en culture dérobée sur deux journaux de Trèfle, après première coupe.*

Après la première coupe du trèfle, on binote les racines de deux journaux. On herse comme il faut avec la herse à dents de fer, on roule, on conduit de suite à raison de 10 à 12 voitures de fumier court par journal. On l'épand, on l'enfouit au fur et mesure qu'il est épandu, par une raye de brabant de 13 à 14 centimètres (5 pouces de profondeur) on herse, on roule, jusqu'à ce que la terre soit bien meuble, bien divisée : on sème, on recouvre la graine à la herse, on roule fortement.

Semaille du Colza pour plant.

On cultive dans le nord trois espèces de colza.

Le colza froid, le chaud, le demi froid.

Les tiges du colza froid s'élèvent parfois jusqu'à six pieds, ses branches sont longues, rares, et assez espacées. La graine en est grosse : les siliques s'ouvrant assez difficilement, donnent moins de perte à la récolte. Cette espèce de colza exige beaucoup d'engrais et un excellent terrain.

Le colza chaud connu chez nous sous le nom de colza de St.-Acheul, n'acquiert pas la taille du précédent, mais il ramifie beaucoup, et par ce moyen il peut donner une récolte à-peu-près équivalente au colza froid. Sa graine est de grosseur moyenne. Ses siliques s'ouvrant aisément nécessitent des soins, de l'attention de la part du cultivateur pour ne pas perdre beaucoup de graine à la récolte. Cependant, pour être cultivé en place, le colza chaud est peut être le plus convenable.

Le colza mi-froid tient le milieu entre les deux espèces précédentes. Il participe des qualités des deux. C'est celui qu'il faudrait introduire dans les contrées où on cultive depuis peu de temps le colza repiqué, et où la terre n'est pas encore fort montée d'engrais.

La graine de colza se sème du 15 juillet au 15 août, cela dépend de l'époque à laquelle le cultivateur peut être en mesure de repiquer.

On la sème à la volée, à raison de deux à trois litres du journal de 41 ares.

Il importe beaucoup aux cultivateurs de pouvoir repiquer de bonne heure, c'est-à-dire de la fin de septembre, à la mi-octobre. Il vaut bien mieux que la terre attende le plant, que le plant n'attende la terre, voici pourquoi. Le semis de juillet ainsi que nous l'avons déjà dit, ne réussit pas toujours. La levée est souvent contrariée par la sécheresse, et le jeune plant peut être dévoré par les pucerons. Or, en semant de bonne heure, le premier semis vient-il à manquer ? le cultivateur peut resemer, et obtenir encore de beau plant.

Le premier semis réussit-il ? la terre préparée

pour recevoir le colza repiqué, permet de repiquer à point, et il faut le dire, le plant repiqué de bonne heure, acquiert de la vigueur pour l'hyver, résiste mieux aux gelées, et donne assurément une meilleure récolte.

Pour déterminer le cultivateur à être prêt à repiquer de meilleure heure possible. Voici ce que nous disons. Si le premier semis réussit, le plant peut bien en attendant s'élever trop sur tige ; et par là devenir plus sensible aux gelées. Mais on y remédie en repiquant à la charrue. Si au contraire, le premier semis ne réussit pas, la terre attendra il est vrai, mais ce n'est pas là un grand mal. Il vaut bien mieux la faire attendre, que de repiquer du plant trop petit. Repiqué trop faible, le colza s'enracine mal avant l'hyver. Au printemps il monte promptement sur de faibles tiges, et ne saurait dès lors donner qu'une médiocre récolte. Il est très essentiel pour la réussite du colza repiqué, de prendre le plant au point convenable.

Le plant de colza a besoin d'être sarclé une fois, et de bonne heure. Ce sarclage sert à ameublir, à nettoier la terre, à développer la plante, en même temps qu'il chasse les pucerons trop souvent disposés à l'attaquer.

Ce sarclage se fait avec une petite houette large de deux pouces environ, tout en nettoiant la terre, le sarcleur s'en sert à distancer les plantes de 13 à 14 centimètres (5 pouces) l'une de l'autre.

On compte qu'un journal de colza bien couvert, fournit le plant nécessaire à quatre journaux repiqués. Le plant est arraché au fur et mesure des besoins des planteurs, lié par petites bottes, et transporté ainsi sur le champ préparé pour le repiquage.

42. *Trèfle sur Blé.*

(Voir pages 65 et suivantes.)

43. *Vesce sur Trèfle et plant de Colza.*

Après l'enlèvement de la deuxième coupe de trèfle ; on donne à la terre une raye de brabant ou de bonne charrue de 12 à 15 centimètres (5 à 6 pouces) de profondeur. On la laisse ainsi passer l'hyver. Au printemps, on donne à la terre un coup d'extirpateur avec assez de ménagement pour ne pas ramener le gazon du trèfle à la surface, on herse de nouveau, on roule et on sème.

Après le plant de colza, on donne avant l'hyver une raye de brabant de 12 à 15 centimètres comme cy-dessus, au printemps, on herse, on donne un coup d'extirpateur, on herse de nouveau, on roule, et l'on sème.

Semaille de Vesce.

On cultive deux sortes de vesce d'été, la grande, et la petite vesce.

La grande vesce fournit plus, et sa graine est plus grosse. Il convient de faire sa semence pour ne pas être trompé sur la qualité.

La vesce se sème à raison d'un bon hectolitre par journal. La semence se recouvre par un ou deux coups de herse, suivant l'état de la terre. On sème souvent la vesce pure, cependant, quand on y ajoute 25 litres de feveroles et 20 litres d'avoine, on remarque que ces deux plantes font ramer la vesce ; alors, celle-ci est moins facilement abattue par les pluies : le pied mieux aéré pourrit moins vite, la récolte est plus saine et plus abondante.

Récolte de la Vesce.

La maturité de la vesce se reconnait, quand les feuilles du pied sont jaunes, et la graine des dernières cosses formée. On la coupe à la faulx simple, on en fait des javelles ou houveaux de moyenne grosseur. Quelques jours après le fauchage on retourne les javelles, et quand on a reconnu qu'elles sont suffisamment sèches, on les met en moffle, comme on fait pour le trèfle. Il convient de couvrir le sommet de chaque moffle d'un bonnet de paille pour le préserver des pluies.

On peut encore lier la vesce et la mettre en chaine, ainsi qu'il a été indiqué pour l'hyvernache. Mais alors, pour la lièr il n'est plus nécessaire de la laisser sécher en javelles, elle y courrait des chances qu'on peut éviter. On la lie après un court séjour sur-le-champ, elle sèche fort bien en chaine jusqu'au moment où on la peut rentrer.

Rentrée bien sèche en grange, ou conservée en meûle ; la vesce est pour le bétail, pour le mouton surtout, une bonne nourriture.

Coupée et donnée verte, la vesce mêlée de feveroles et d'avoine est un excellent fourrage pour les bêtes à corne et à laine. On la donne ainsi à l'étable, on la donne encore aux moutons sur le terrain même où elle est récoltée. En ce dernier cas, et pour éviter le gaspillage, il faut faucher la vesce verte, et la donner aux moutons dans des crèches mobiles, qu'on transporte au champ, et qu'on change comme on fait pour le parc. Par ce dernier moyen, on parque le champ en même temps qu'on le récolte, ce fourrage est d'un grand secours au cultivateur, dont les granges ont été épuisées pendant l'hiver.

44. *Œillette fumée sur Vesce.*

Aussitôt la récolte de la vesce enlevée, la terre est hersée et binotée. Dans le courant d'automne, au moment de conduire le fumier, on la herse de nouveau, on la fume de court fumier à raison de 12 voitures par journal. Le fumier est enfoui aussitôt qu'épandu, par une raye de brabant de 11 à 14 centimètres (4 à 5 pouces) de profondeur. On laisse ainsi hyverner la terre. Aux premiers beaux jours de février, courant de mars, lorsque les fortes gelées enfin ne sont plus à craindre, et que la terre est suffisamment ressuiée ; on la herse une ou deux fois, puis on donne une raye de charrue de 14 à 15 centimètres 5 pouces de profondeur, on roule, et l'on herse alternativement, jusqu'à ce que la terre soit bien divisée, bien préparée, et l'on finit par le rouleau.

45. *Semaille d'Œillette.*

On cultive plusieurs variétés d'œillette ou grand pavot. Dans le Pas-de-Calais où cette plante est fort bien cultivée ; on préfère l'œillette à fleurs blanches et lilas, et à capsules vertes. Mais comme elle mûrit très rapidement, il faut la cueillir avec une grande promptitude, si on ne veut pas être exposé à la voir battue sur pied et secouée par le vent. Peut-être serait-il sage de cultiver partie de celle-ci, avec partie d'une autre espèce : par exemple celle à fleurs rouge brun, ou brun lilas, dont les capsules allongées rougissent en mûrissant. Les opercules de ce pavot s'ouvrant lentement, offrent moins de danger dans le retard mis à la cœuillette. C'est au reste, à la prudence des cultivateurs qui veulent cultiver l'œillette, et qui ont sous leurs ordres des ouvriers peu familiarisés avec ce genre de culture que nous recommandons cette précaution.

Sur la terre roulée, on sème à la volée environ un litre et demi à deux litres de graine d'œillette par journal. Le semeur doit prendre fort peu de marche en semant, pour ne pas laier. Une méthode que nous croions bonne, est celle de mêler du sable ou de la cendre avec la graine. On en prend ainsi une plus forte pincée, et la graine se répartit plus également. Peut-être aussi ceux qui n'ont pas l'habitude de semer ces sortes de graine, feraient-ils bien de la semer à deux fois.

Un bon semeur garnit pleinement un journal avec moins d'un litre et demi de graine et il facilite ainsi beaucoup le sarclage. Si nous parlons de semer deux litres, c'est comme dit le cultivateur, qu'il est plus facile d'en tirer où il y en a trop, que d'en remettre où il n'y en a pas assez.

La graine se recouvre par un, ou deux coups de herse légère et à drues dents. Si le temps est sec, on finit par un coup de rouleau. S'il y a de l'humidité, où si la pluie menace, il vaut mieux attendre une couple de jours avant de rouler.

Sarclage de l'Œillette.

Quand l'œillette bien levée a généralement pris quatre feuilles ; on la sarcle une première fois. On se sert à cet effet d'une houette du double de la largeur de celle à colza dont nous avons parlé.

Ce premier sarclage a pour but d'éclaircir la plante, de nettoier la terre, mais sans trop la remuer. Par temps sec, un léger coup de rouleau après le premier sarclage est fort utile. Huit, dix, quinze jours après, suivant le temps et les progrès de la plante, on sarcle une deuxième fois. Ce second sarclage est le plus important des trois. Le sarcleur doit ici, espacer les œillettes entr'elles d'une manière régulière, et les mettre de 22 à 28 centimèt. (8 à 10 pouces) de distance, il n'en doit pas laisser de double, il doit aussi ménager son coup de houette par la raison que la plante n'a point encore d'assez fortes racines pour résister à un choc violent ; et que toute œillette déracinée, meurt.

Une douzaine de jours après le deuxième sarclage, souvent même plutôt (cela dépend du temps) on sarcle une troisième fois. Ce troisième sarclage sert principalement à ameublir le sol. Il ne faut donc pas craindre d'enfoncer la houette pour diviser la terre, il ne faut pas craindre non plus, d'approcher la plante en sarclant, puisque ses racines lui permettent alors de résister à un léger choc.

Si au second sarclage quelques plantes sont restées doubles, il faut de toute nécessité les dédoubler au troisième, de même qu'il faut éclaircir celles qui se trouvent trop rapprochées. Un bon sarcleur ne doit avoir qu'à diviser la terre au troisième sarclage, et à détourner légèrement l'œillette

La houette qui sert à sarcler l'œillette, est une petite houe dont le fer large de 10 à 12 centimèt. (3 pouces 1|2 à 4 pouces au plus) d'environ 14 à 15 centimètres de hauteur, est placée au bout d'un manche en bois d'un mètre, à un mètre et demi de long (3 à 4 pieds). Le taillant du fer est acéré, une branche de fer courbée en cou de cygne, soudée à la partie supérieure du fer, et terminée par une douille, reçoit le manche de bois. Les meilleures houettes sont faites dans les environs d'Arras, et coûtent de 1 fr. 50 à 2 fr. pièce.

Récolte de l'Œillette.

Dans le courant du mois d'août, lorsqu'on remarque que quelques capsules ou têtes d'œillette s'ouvrent, et laissent échapper leur graine par les opercules ; il faut se hâter de cueillir.

A cet effet, on divise ses ouvriers, femmes, veillards, enfants, par groupe de trois. Deux ouvriers de chaque groupe, cueillent l'œillette en la prenant de la main droite à environ 33 centimètres

(1 pied) au-dessous des têtes. Après avoir soulevé perpendiculairement la tige pour la déraciner, ils la font passer dans la main gauche. Si par un temps sec, la plante résiste à la main qui la soulève, on aide au déplantage par un petit coup de pied donné près des racines. Quand la main gauche des cueilleurs a suffisamment assemblé d'œillettes, les deux cueilleurs réunissent leurs poignées, et les présentent au lieur. Celui-ci avec un brin de glui, enlève ces poignées, les lie pour en faire une petite botte.

Chaque petite botte est appuiée successivement contre celles que le lieur a déjà assemblées. Alors, un homme placé en dehors des groupes, et spécialement chargé de ramasser les bottes de trois à quatre lieurs, en forme des calots de 50 à 60 petites bottes chacun.

Les calots doivent être placés en ligne, et de manière à ce que le laboureur puisse sans entrave herser et labourer entre les lignes avant l'enlèvement des œillettes. Pour former un calot, l'ouvrier prend deux petites bottes, leur donne un peu de pied, en appuiant les têtes les unes contre les autres, il continue d'assembler ainsi 50 à 60 bottes qui doivent composer le calot : pour le consolider mieux, on le lie et l'on met un peu de terre aux quatre angles à l'aide d'une bêche. Par ce moyen, les calots résistent à un grand vent sans verser. Il faut mener lestement la cueillette des œillettes, parce que les capsules ouvertes sur pied, pourraient perdre leur graine par l'agitation du vent, et la perte serait alors considérable.

Une dixaine de jours après la mise en calot, on visite les œillettes pour s'assurer si toutes les capsules sont ouvertes, et l'on choisit un temps sec pour les secouer.

Il y a deux manières de secouer, ou battre l'œillette.

La première consiste à approcher de chaque calot un grand cuvier. Le batteur place une botte sous chaque essaille, en bat les têtes les unes contre les autres, jusqu'à ce qu'il ne tombe plus de graine dans le cuvier. Cette manière est lente, et peut occasionner de la perte, à moins qu'on ne possède de très grands cuviers et que le batteur ait constamment le soin de ne pas écarter hors du diamètre du cuvier les bottes qu'il frappe.

La deuxième manière consiste à étendre au milieu d'une ligne de calots la grande bâche à colza : alors deux femmes ou deux fortes filles prennent un drap, l'étendent contre un calot, le renverse sur le drap, et ainsi renversé le porte par les quatre coins du drap sur la bâche. Les têtes seulement doivent être placées sur la bâche, afin que les pieds des tiges chargés de terre puissent en dehors être frappés avec un baton pour en faire tomber la terre. D'autres ouvriers pieds nus, prennent chacun une botte d'œillette sous chaque essaille, en frappent les têtes l'une contre l'autre, et font ainsi tomber la graine sur la bâche. Ces bottes sont ensuite remises sur pied et en ligne, pour subir un second battage une huitaine de jours après le premier. Après que les petites bottes d'œillette ont été battues une seconde fois ; les ouvriers étendent par terre deux forts liens de glui, placent dessus bout-ci bout-là dix à douze de ces petites bottes, et les lient pour en former une grosse botte. Toutes les bottes ainsi disposées sont enlevées du champ pour être rentrées en grange, ou mises en meûle. Elles servent alors au foyer domestique, et à chauffer le four. Les cendres en sont fort estimées pour la lessive, mais il faut les recuire avant de s'en servir à cet usage.

La graine secouée sur la bâche se trouve mêlée de feuilles sèches, de tiges, de capsules cassées ; à l'aide de grands rateaux à colza, on enlève le plus gros, on passe la graine au gros crible, et on l'ensache, pour la rentrer. On l'épure ensuite au tarare, et au crible, avant de l'exposer en vente. La graine déposée dans un endroit bien sec ne doit pas former une couche qui ait plus de 22 centimètres (8 à 9 pouces d'épaisseur) et l'on doit la retourner souvent. Cette graine fournit une huile, qui fraiche, est agréable au goût. On la mêle ordinairement à l'huile d'olive pour la table, ou pour la fabrication du savon blanc.

45. *Luzernes permanentes.*

C'est ici le lieu de parler des six journaux de luzerne permanente.

Cette luzernière de six journaux doit durer terme moyen six ans.

C'est par conséquent un journal de vieille luzerne à démonter chaque année, et à remplacer par un journal de jeune luzerne ; afin d'avoir toujours la même quantité de terre mise en luzerne.

Le journal de vieille luzerne après avoir donné ses deux premières coupes, est de suite démonté pour être semé en scourgeon, ou orge d'hiver.

Au printemps suivant, après le fauchage de l'orge verte, ce journal vient prendre la place d'un journal d'avoine de la deuxième année de rotation, qui semé à son tour en jeune luzerne ; vient permutter avec lui.

Jeune Luzerne de remplacement.

On prend l'un des quatre journaux destinés pour avoine à la deuxième année de rotation. On lui donne un coup d'extirpateur de plus qu'aux trois autres journaux, afin que la terre de ce journal soit bien divisée, et parfaitement préparée. On commence par semer 60 litres d'avoine sur ce journal qu'on recouvre à l'extirpateur. On herse, on roule, et on sème de nouveau 15 à 16 kilogrammes de graine de luzerne à la volée, et le plus également possible. On recouvre ensuite cette graine d'un ou deux coups de herse, et suivant le temps, on roule fort, ou légèrement.

On cultive deux espèces de luzerne. Celle du pays qui dès la première année donne une récolte assez abondante. Cependant, elle perd bientôt cet avantage, en s'affaiblissant beaucoup vers la quatrième ou la cinquième année. La deuxième espèce de luzerne est celle de Provence. Celle-ci fournit moins que la luzerne de pays, pendant les deux premières années ; mais elle donne beaucoup plus les suivantes, et dure plus longtemps. Des cultivateurs ont l'usage fort bon à notre avis, de semer avec la luzerne de Provence et en sus des 15 à 16 kilogrammes de semence, 3 kilogrammes de graine de trèfle. Ce trèfle garnit la luzernière dès la premère année, fournit encore à la seconde, et disparait quand la luzerne a pris son entier développement.

Récolte de la Luzerne.

Après les grandes gelées, aussitôt que la terre a perdu la plus forte partie de son humidité, il convient de herser énergiquement les vieilles luzernes avec la herse à dents de fer. Cette opération soulève, déracine une partie des mauvaises herbes, et développe la luzerne qui était étreinte par elles. On attend ensuite les premiers beaux jours du mois de mars pour cendrer.

(Voir pour cendrage, fauchage, fânage, pages 65 comme pour trèfle ordinaire.)

46. *Scourgeon, ou Orge d'hiver, récoltée verte.*

(Sur un journal de vieille luzerne démontée)

Aussitôt la deuxième coupe de luzerne faite ; on donne pour retourner la terre une forte raye de brabant, de 18 à 20 centimètres de profondeur, (6 à 7 pouces) sur autant de largeur. On herse à diverses reprises, et en chargeant graduellement la herse, pour ne pas ramener de gazon à la surface. A la fin de septembre, ou au commencement d'octobre, on sème à la volée 120 à 125 litres d'orge d'hiver sur ce journal. On recouvre la semence d'un coup de herse ou de deux, on la laisse ainsi passer l'hiver.

Vers la fin d'avril, plus souvent dans le courant de mai, l'orge est montée : mais avant que l'épi ne sorte du fourreau, on la fauche pour la donner verte et fraîche aux chevaux. Cette nourriture doit leur être donnée seule et à discrétion. Puis au bout de trois ou quatre jours qu'ils ont commencé à en manger, on les saigne. Il ne faut pas exiger d'eux un fort travail tout le temps qu'ils sont au vert, il est même sage de les laisser complètement en repos quand on le peut.

Cette méthode est fort bonne, et l'on ne saurait trop la recommander aux cultivateurs. Il faut si peu de frais et de terre pour cultiver l'orge verte nécessaire à la nourriture de leurs chevaux pendant une dixaine de jours chaque année. Quand on considère surtout que cette orge s'obtient en récolte dérobée, et qu'en la donnant à manger, on économise d'autant d'autres nourritures ; on ne comprend pas pourquoi cet usage n'est pas général. Les bêtes à corne se trouvent fort bien aussi de ce régime.

2me SECTION.

47. *Assolement alterne combiné avec le Triennal.*

Dressé pour les terres légères, sablonneuses, pour

une rotation de 16 ans, ayant 6 journaux de luzerne en permanence.

1.re *Année.*	2.me *Année.*	3.me *Année.*	4.me *Année.*
Seigle.	Pamelle avec trèfle.	Trèfle mêlé de minette.	Blé, Méteil.
5.me *Année.*	6.me *Année.*	7.me *Année.*	8.me *Année.*
Pommes de terre fumées.	Sarrasin.	Blé, ou Scourgeon, navets dérobés.	Avoine.
9.me *Année.*	10.me *Année.*	11.me *Année.*	12.me *Année.*
Bisaille, Vesce fumées.	Seigle.	Pamelle.	Feveroles fumées.
13.me *Année.*	14.me *Année.*	15.me *Année.*	16.me *Année.*
Méteil avec minette.	Minette.	Avoine.	Betteraves et Dravière fumées.

Comparaison des nourritures produites pour les bestiaux dans cet assolement, avec les besoins de la consommation. Même nombre de bestiaux conservés.

Production des Fourrages, Foins etc.

6	journaux	de luzerne 2 coupes, la 3e paturée, à 400 bottes par journal	2,400 bottes.
4	»	de trèfle 2 » à 400 b.	1,600
4	»	de minette 1 » à 300 b.	1,200
4	»	de sarrasin à 300 b. par j.al.	1,200
4	»	de feveroles à 400 b . .	1,600
4	»	de lentillon à 200 b . .	800
2	»	de bisaille à 300 b . .	600
2	»	de vesce à 300 b . .	600
2	»	de dravière à 300 b . .	600
2	»	de betterave allant pour 400 par journal	800
2	»	de pommes de terre » 400 b.	800
4	»	de navets dérobés » 200 b.	800
2	»	de trèfle anglais » 400 b.	800
1	»	de scourgeon vert » 400 b.	400
		TOTAL de la production. . .	14,200 bottes.
		Besoins de la consommation .	13,779
		Excédant	421

Production des Pailles.

12 journaux	de blé méteil	à 300 bottes	du journal		3,600
4 »	de seigle	à 250 b.	»		1,000
8 »	de pamelle	à 250 b.	»		2,000
8 »	d'avoine	à 200 b.	»		1,600
	Total de la production			. . . .	8,200
	Besoins de la consommation			. . .	7,483
	Excédant			. . . .	717 b.

(*Voir ci-contre le Tableau d'Assolement, n.° 2.*)

Les terres légères, sablonneuses sont hâtives. Il n'en est pas de même des terres tourbeuses.

Cependant, toutes deux se trouvent bien, de semailles faites de bonne heure.

Les fumiers de bœuf, de vache un peu fermentés, conviennent bien aux terres sableuses.

Les fumiers de mouton au sortir des bergeries, le crotin de cheval sont au contraire fort bons pour les terres tourbeuses.

Le parcage sur toutes deux, par un temps convenable produit un excellent effet.

L'engrais liquide, le tourteau, la poudrette, les boues, le terreau, la cendre, leur sont aussi très favorables.

Il y a trois récoltes dérobées dans cet assolement.

La première de navets dérobés semés en automne sur l'éteule du blé méteil ou scourgeon de la septième année de rotation. La deuxième, de trèfle anglais semé sur éteule de seigle de la dixième année de rotation. La troisième récolte dérobée, d'orge verte, semée sur luzerne démontée.

Les principaux instruments à emploier sont,

Le brabant simple, ou le brabant forget à deux fers.

La charrue rosé.

L'araire Dombasle.

La charrue picarde.

Le binot, l'extirpateur à cinq fers.

La herse à dent de fer, la herse à tête, la herse simple.

Le gros rouleau, le moyen rouleau, le hérisson.

48. *Seigle après Betteraves.*

Pour semer seigle après betteravès ; il est essentiel de recolter les betteraves de bonne heure, c'est-à-dire à la fin du mois de septembre. Le champ étant débarrassé des racines, on donne une raye de charrue, ou mieux encore de brabant de 14 à 15 centimètres (4 à cinq pouces) environ de profondeur. On herse, on roule, on sème. La semence se recouvre ensuite à la herse.

Autre manière qui réussitau moins aussi bien dans les terres sablonneuses, et qui nécessite fort peu de travail.

La terre sortant de betteraves en raison des sarclages est toujours nette. Si les feuilles sont restées dans le champ, on herse entre les monts de feuilles; puis on épand les feuilles le plus également qu'on peut avec les mains. Quand au contraire, les feuilles ont été enlevées avec les racines, on herse une couple de fois, on roule et l'on sème. On recouvre ensuite la semence par une faible raye de brabant de 11 centimétres, (4 pouces de profondeur) ou par une raye de binot. On herse ensuite le labour, et on hérissonne fortement.

Semaille du Seigle.

A 80 litres de seigle on ajoute 25 à 30 litres de lentillon d'hiver. On sème le tout ensemble pour un journal de 41 ares. Quand la semence a été recouverte soit par la herse, soit par le binot, il importe de hérissonner le plus qu'on peut, on ne saurait jamais le faire trop.

5.*

L'espèce de terre dont il est ici question naturellement légère, l'est encore devenue plus par les sarclages réitérés donnés à la betterave dans le courant de l'été. Or, comme l'arrachis des betteraves, le labour, la semaille du seigle ont lieu presqu'en même temps ; la terre n'a pas le temps de se rasseoir, de se raffermir et si l'on ne la resserrait pas à l'aide d'un fort hérisson, en le passant à plusieurs reprises sur la terre semée ; elle gonflerait pendant les gelées, et le seigle et le lentillon se déchausseraient, et périraient au printemps.

Aussitôt que la terre peut se rouler après l'hiver, on passe à diverses fois un gros rouleau pour raffermir le sol et consolider la plante ; car malgré toutes les précautions indiquées, elle peut encore être soulevée par l'action des gelées.

Récolte du Seigle.

Au mois de juillet le seigle est ordinairement mûr, on le voit alors pâlir et courber la tête. On le coupe à la faulx ou au piquet flamand. Par rapport aux liens qu'on fait avec sa paille, il est bon de ne pas attendre que le seigle soit trop mûr avant de le couper. On le met en moyette comme le blé aussitôt qu'il est abattu.

(Mise en moyette, récolte, battage voir page 33 comme pour blé.)

49. *Pamelle ou Orge d'été sur Seigle.*

On herse avec énergie l'éteule du seigle, on l'enfouit ensuite par une raye de brabant ou de bonne charrue de 15 à 16 centimètres (5 à 6 pouces) de profondeur. On laisse ainsi hyverner la terre. A la fin de mars, courant d'avril, on herse, on donne un coup d'extirpateur, on herse de nouveau, on donne un nouveau coup d'extirpateur, on roule et l'on sème. Si le temps est favorable une seule raye d'extirpateur suffit.

Semaille de Pamelle.

Après avoir bien nettoié la pamelle pour semence, on sème à la volée de 80 à 90 litres de graine par journal. On recouvre la semence avec la herse, on roule, on sème 8 à 9 kilogrammes de trèfle pur ou 6 kilogrammes de trèfle et 4 kilogrammes de minette mêlés ensemble par journal. On herse pour recouvrir cette petite graine, et l'on roule sur le hersage si le temps parait disposé à la sécheresse.

Un peu de plâtre cuit et en poudre, un peu de cendre, de tourteau jetté immédiatement sur la graine, fait bien ; et facilite la levée.

Récolte de la Pamelle.

La pamelle pousse et mûrit vite. Elle pâlit en mûrissant et baisse la tête. Quand elle n'est pas très forte, on la fauche en rang comme l'avoine. Après un court séjour sur terre, on met la pamelle en houveaux, en javelles, à l'aide du rateau. On la retourne, on en lie deux ou trois javelles pour en faire une botte. On assemble ensuite les bottes en dixeaux, en volants, en chaine, et quand elle est bien sèche, on la rentre pour la mettre en grange, ou en meûle.

Quand la dépouille est forte, on fauche la pamelle à l'appui comme il a été indiqué pour le blé. Un peu de rosée, de pluie, facilite le battage ; mais il faut se garder de la laisser germer en la laissant trop longtemps exposée sur le champ. La pamelle se donne en botte aux moutons. Le grain battu remplace l'avoine des chevaux, et se vend aux brasseurs. Dans les années de disette, on la mêle au froment pour en faire du pain.

50. *Trèfle mêlé de minette semé dans la Pamelle.*

Dans les terrains légers, on a l'usage de laisser pousser à graine la seconde coupe de trèfle. Cependant cet usage retarde la remise du blé, et n'est pas sans danger pour elle. Pour faire de la graine de trèfle, on attend que la graine soit bien formée. Alors le trèfle est quasi sec sur pied, on le fauche, on le lie de suite, on le met en chaine et autant que faire se peut sur un champ voisin, afin de pouvoir bien vite labourer, et disposer la terre à blé.

On laisse bien sécher le trèfle avant de le rentrer, et pendant l'hiver on bat les têtes au fléau, ou avec la machine à battre. On épure la graine au crible, au van, pour la livrer au commerce.

Quand une récolte de mars, comme l'œillette par exemple, doit suivre la récolte du trèfle; il peut être avantageux de laisser pousser à graine la dernière coupe, mais nous le répétons cet usage contrarie beaucoup la remise du blé, et il faut dire encore que le foin provenant de porte graine n'est pas de bonne qualité.

(Pour cendrage, plâtrage fânage, voir page 65.)

51. *Blé-Méteil sur Trèfle.*

Sitôt après la deuxième coupe de trèfle, on donne à la terre une raye de brabant ou de bonne charue de 13 à 14 centimètres (5 pouces de profondeur) et de manière à retourner complètement le gazon, et les racines. On herse ensuite graduellement, on passe de temps en temps le hérisson afin de resserrer la terre, on la gouverne ainsi jusqu'au moment de semer le blé-méteil. On sème, on recouvre la semence avec la herse, on hérissonne le plus qu'on peut, surtout avant que la plante ait acquis une certaine hauteur.

Semaille du Méteil.

On mêle à chaque hectolitre de blé pur 50, 75 ou 100 litres de seigle pour former le blé-méteil. Ce mélange après avoir été bien criblé, bien nettoié est enchaulé comme le blé, avant d'être semé.

Dans ces sortes de terre ; pour le blé-méteil comme pour le seigle, on ne saurait trop recommander de rouler pesamment, surtout après les fortes gelées.

On sème 100 litres de blé-méteil à la volée par journal de 41 ares.

(Voir pour l'enchaulage, la semaille, la récolte, le battage, page 33 comme pour blé.

52. *Pommes de terre sur éteule de Méteil fumée.*

Si on peut fumer avant l'hiver, il est important de le faire. On s'assurera par là une belle récolte, surtout en venant joindre au fumier, du compost, de la colombine, des cendres, des paillettes, du terreau tout ce qu'on aura recueilli enfin, dans le courant de l'hiver.

On binote l'éteule immédiatement après la récolte du méteil, et dans le courant d'automne, au moment de conduire le fumier sur le champ, on herse ; et l'on fume à raison de 10 à 12 voitures de fumier par journal. On l'épand, on l'enfouit par une raye de brabant de 13 à 14 centimètres (5 pouces de profondeur.) On laisse ainsi hyverner la terre. Au printemps qui suit, lorsque le moment de planter la pomme de terre est arrivé ; on herse énergiquement la terre, et s'il le faut, on lui donne une raye d'extirpateur ou de binot, on plante ensuite à la charrue en jettant sur chaque morceau de pommes de terre une petite poignée de compost proportionnée à ce qu'on en a. Si au contraire, le cultivateur ne peut fumer qu'au printemps ; alors il donne simplement une raye de brabant ou de charrue dans le courant d'automne, pour hyverner sa terre.

Au moment de planter, on herse la terre, on la binote, on roule, on herse, on conduit sur le champ 12 voitures de fumier par journal, on l'épand au fur et mesure, puis à l'aide d'un fourché on fait tomber à la raye et sur les morceaux de pommes de terre le fumier épandu. Ce travail précède la charrue, et si comme nous le disons, on peut joindre au fumier un peu de colombine, paillette, cendre, tourteau, compost, on aura une récolte extraordinaire.

Il faut encore observer que l'ouvrier chargé d'épandre le compost doit précéder celui qui met le fumier à la raye.

Ainsi, la charrue couvre du même coup, la pomme de terre, le compost, et le fumier.

(Pour le restant voir pages 80 et suiv.)

53. *Sarrasin sur Pommes de terre.*

On commence par donner une raye ordinaire de charrue ou de brabant avant l'hyver, au mois d'avril on herse, on donne ensuite un coup d'extirpateur ou de charrue, on herse, on roule et l'on est prêt à semer.

Semaille de Sarrasin.

On sème à la volée de 40 à 60 litres de graine de sarrasin au journal selon le terrain. La semence est ensuite recouverte par un coup de herse, qu'on resserre enfin avec le rouleau.

Récolte du Sarrasin.

Quand les dernières fleurs du sarrasin sont passées, la plante brunit. C'est le moment de la couper. Le sarrasin se fauche comme l'avoine, on le laisse quelques jours sur terre, on le lie, on le met en chaine pour le rentrer quand il est bien sec.

Il est prudent de ne pas attendre la maturité complète des dernières graines; on s'exposerait en les attendant, à perdre les premières qui sont toujours les meilleures, et les plus belles.

Cette graine connue sous le nom de blé-noir, bouquette, bucail; mêlée par tiers ou par quart au froment, fait d'assez bon pain.

Donné aux volailles, le sarrasin les échauffe, et les engraisse aisément, concassé il est une bonne nourriture pour les chevaux, les moutons, et les porcs.

Semé pour être ensuite enfoui en fleur, le sarrasin loin d'épuiser la terre; l'amende d'une manière remarquable.

Après une récolte précoce, le cultivateur se trouverait souvent bien de conduire un demi fumier sur le sarrasin en fleur, afin de renfouir tout ensemble, fumier et sarrasin avant l'hiver. Il s'assurerait par ce moyen, d'abondantes récoltes de graines grasses, et fourrages de mars, etc.

54. *Scourgeon ou Orge d'hiver sur Sarrasin.*

L'orge d'hiver quand la terre est en bon état d'engrais, donne une récolte fort productive. On l'estime dans certaines localités, notamment dans le Pas-de-Calais, plus lucrative que celle du blé.

On donne d'abord à l'éteule du sarrasin, un bon hersage, puis une raye de charrue ou de brabant de 11 à 14 centimètres (4 à 5 pouces de profondeur) on sème, on recouvre la semence par un coup d'extirpateur ou de binot. On herse, et l'on reste sur le hersage.

Semaille du Scourgeon.

On cultive le scourgeon à quatre, ou à six côtes.

le premier donne un épi plus long, et fournit au moins autant de grain que l'autre.

On nettoie bien le grain qu'on veut semer, et vers le 15 octobre au plus tard, c'est-à-dire aussitôt que possible après la récolte du sarrasin ; on sème à la volée un bon hectolitre environ de scourgeon par journal de 41 ares.

Récolte du Scourgeon.

Le scourgeon est ordinairement mûr au commencement du mois de juillet. C'est par là que la récolte commence. Il se coupe comme le blé, on le laisse un jour ou deux en javelle, on le lie, on le met en chaine, ou en volant jusqu'à ce qu'il soit sec à rentrer.

Le grain du scourgeon est très estimé des brasseurs, la paille un peu molle ne déplaît pas au bétail, et fait un assez bon fumier.

Mais pour être content de la culture du scourgeon, nous le disons, il faut une terre légère et bien grasse. Le scourgeon étant ici placé sur éteule de sarrasin, il conviendrait de mettre un demi fumier court sur cet éteule, et de l'enfouir par la raye de brabant ou de charrue. On pourrait encore jetter 3 à 400 tourteaux de colza en poudre par journal, sur la semence avant de la herser ; ou cendrer très fort après la levée, ou au moment de semer.

55. *Blé-Méteil parqué sur Sarrasin.*

Aussitôt le sarrasin mis en chaine, la terre est binotée, et hersée. On lui donne ensuite une raye de charrue ou de brabant de 11 à 14 centimètres (4 à 5 pouces de profondeur). On gouverne sa terre à la herse, jusqu'au moment de semer. Il devient indispensable ici de parquer, soit sur le labour avant de semer, soit sur le blé semé.

Semaille du Méteil.

On sème à la volée comme il a déjà été dit page 109 en observant toutefois d'enfouir le grain par un léger binotis; si la terre a été parquée avant la semaille. On peut au contraire, le recouvrir avec la herse, si le parc doit être placé sur le méteil semé.

(Récolte etc. voir page 35 et suiv.)

56. *Navets dérobés mis sur éteule de Blé-Méteil.*

On remarquera que même sur les terres médiocres, on peut lorsqu'elles sont suffisamment montées d'engrais, obtenir des récoltes dérobées.

Ici par exemple, non seulement on peut espérer une récolte de navets satisfaisante, mais cette récolte est encore une bonne préparation pour l'avoine, qui se trouve ainsi séparée de l'éteule du blé par une récolte sarclée et pivotante.

Cette plante placée entre deux céréales, est tellement reconnue avantageuse par les bons cultivateurs flamands, qu'ils n'oseraient pas cultiver du blé immédiatement après du blé ; et pourtant, ils ne craignent pas de le faire, et réussissent presque toujours, quand entre ces deux blés, ils ont obtenu une récolte de navets semés sur éteule et sarclés avec engrais. Ils sèment le blé tard, fort tard même ; cela ne les arrête pas, et ils obtiennent par ce moyen deux bons blés et une récolte de navets en deux ans.

(Voir pour la récolte des navets page 42.)

57. *Avoine sur Navets dérobés.*

Après l'enlèvement des navets, on se hâte de donner à la terre une raye de brabant ou de charrue de 14 centimètres (5 pouces) de profondeur.

Après quoi on la laisse hyverner.

Au printemps, quand le moment de semer l'avoine est venu ; on herse la terre, on lui donne un coup d'extirpateur, on herse, on sème et l'on recouvre la semence, soit par un coup de herse ; soit par un nouveau coup d'extirpateur, si la terre n'avait pas été convenablement préparée et divisée. La herse suit l'extirpateur, et le rouleau la herse.

Semaille d'Avoine.

Dans une terre légère, en raison de ce que la plante tâle moins, il convient de semer un peu plus dru. Cependant, il est peu de terrains où un hectolitre d'avoine par journal ne suffit pas.

Les labours ne doivent pas ici être à beaucoup près aussi multipliés que pour les terres franches ; parce que la terre naturellement légère, convient spécialement à l'avoine, et le cultivateur n'a plus la même raison pour relever, ou herser l'avoine dans le cours de sa végétation.

(Voir récolte d'avoine page 45 .)

58. *Pois, ou Bisaille fumés sur Avoine.*

On binote l'éteule d'avoine le plutôt possible, on herse ensuite le binotis au moment de conduire le fumier sur le champ. On fume à raison de 10 voitures de fumier par journal, on épand bien également ce fumier, et il est à l'instant enfoui par une raye de brabant de 14 centimètres (5 pouces de profondeur.)

On laisse ainsi passer l'hiver à la terre.

Au printemps, on herse, on donne une raye de charrue ou d'extirpateur, si le fumier est assez consommé pour le permettre ; on herse, et la terre est prête à être semée.

S'il n'a pas été possible de fumer avant l'hiver ; on donne peu de temps après la récolte de l'avoine, une raye de brabant de 14 à 15 centimètres (5 pouces) pour enfouir l'éteule ; puis, au printemps au moment de semer, on herse, ou mieux on donne une raye d'extirpateur après laquelle on herse, on conduit 10 voitures de fumier par journal qu'on enfouit à la charrue, on herse, on roule, et l'on sème.

Semaille de Pois ou Bisaille.

On sème à la volée 150 à 160 litres de pois ou bisaille par journal. La semence se recouvre par un ou deux coups de herse, suivant l'état de la terre, et l'on finit par un coup de léger rouleau si le temps est au sec. Il est très désirable que ces plantes soient sarclées au moins une fois. Le sarclage d'abord contribue à les développer, puis le blé qui suit, trouve une terre nette ; et définitivement l'argent dépensé en sarclage, se trouve quatre à cinq fois remis par l'excédant des récoltes de bisaille et de blé.

Quand on sarcle, on diminue un peu la quantité de semence ; soit du cinquième ou sixième environ. Mieux encore, on sème en ligne.

Récolte des Pois, et Bisaille.

Quand les pois ou les bisailles sont mûrs, ce qui se reconnait aisément à la couleur jaunâtre que prennent les cosses du pied. On les fauche à la faulx simple, comme on fait pour le trèfle. On les laisse un peu sécher sur terre, on les met ensuite à l'aide d'un rateau de bois en houveaux, ou javelles. On retourne ces javelles, et quand les pois sont suffisamment secs, avant que les cosses ne s'ouvrent toutefois ; on les met en moffles, qu'on fait hauts et étroits. Les moffles sont couverts avec de la gerbée, comme nous l'avons indiqué déjà. Et quand ils sont bien sec, ils sont rentrés en grange, ou mis en meûle. Mais ils sont mieux en grange.

Pour éviter de la perte, il est bon de ne pas attendre pour faire les moffles que les pois ou bisailles soient entièrement secs. Il n'est pas à craindre de les voir s'échauffer en moffles; parce que ceux-ci ne s'affaissent qu'à la longue et que l'air y circule plus aisément que dans les moffles de foin. Ordinairement, on secoue en grange les pois ou les bisailles avec une fourche en bois, avant de les lier et la graine qui tombe par ce moyen est receuillie pour semence, ou est donnée cuite aux porcs qu'elle engraisse parfaitement. On assure que donnée crue en trop grande quantité aux chevaux, cette nourriture les échauffe beaucoup, et les expose à perdre la vue. Il conviendrait donc de ne la faire entrer que pour une portion raisonnable, dans leurs rations journalières.

59. *Vesce fumée sur Avoine.*

La préparation de la terre est la même que celle pour les pois ou bisailles ci-contre.

(*Pour semence, récolte, etc., voir page* 93).

60. *Seigle sur Pois, Bisaille, Vesce.*

(*Voir pour labour, semence, récolte page* 105.)

61. *Trèfle anglais sur éteule de Seigle, mis en récolte dérobée.*

On pourrait semer de trèfle anglais les quatre journaux d'éteule de seigle.

Mais il serait à craindre qu'une partie de la pamelle suivante fût semée un peu tard. Il semble par ces raisons, sage et préférable de n'en semer que deux journaux.

(*Voir pour labour, semence, récolte page* 80.)

62. *Pamelle, ou Orge d'été sur Trèfle anglais.*

Aussitôt un journal de trèfle anglais enlevé; on

note les racines, on herse avec force. On roule, on donne à la terre une raye de charrue ou brabant de 14 à 15 centimètres (5 pouces de profondeur), on herse ensuite, on roule et l'on sème. La semence est recouverte par un coup de herse ou deux, on roule si le temps est sec.

(Pour semence, et récolte voir page 106)

La pamelle mise sur éteule de seigle se traite tout autrement. On binote l'éteule de seigle après son enlèvement, et avant l'hyver, on herse le binotis. On donne de suite une raye de charrue ou de brabant pour laisser ainsi passer l'hyver à la terre. Au printemps, on herse, on donne un coup d'extirpateur, on herse, on roule, on sème. La semence est recouverte par un coup de herse.

(Voir pour le surplus page 106.)

63. *Feveroles fumées sur Pamelle.*

(Pour labour, voir page 85 comme pour feveroles sur betteraves et pommes de terre.)

64. *Méteil sur Feveroles, avec Minette semée dans le Méteil.*

(Voir pour labour, semence du blé, etc. page 33 et 89.)

Semence de Minette dans le Méteil.

A la fin du mois de mars, au commencement d'avril, on sème dans le méteil une dixaine de kilogrammes de graine de minette.

(Voir pour le surplus page 64, comme pour trèfle dans blé.)

65. *Minette récoltée après Méteil.*

On cendre la minette au printemps, comme on cendre ou plâtre le trèfle.

On la coupe, quand elle est bien fleurie, pour la donner aux moutons qui en sont très friands. On la leur donne dans les bergeries, ou sur le champ même qui l'a produite, on se sert à cet effet, de crêches et rateliers mobiles dans lesquels on jette la minette coupée.

Cette dernière méthode est bonne, parce que les moutons consomment cette pâture avec plus d'économie, et qu'ils parquent en même temps la terre qui l'a fournie. La minette séchée donne un foin peu estimé. Mais cette plante venant bien dans les terrains légers, et fleurissant de bonne heure, est d'une grande ressource au printemps.

66. *Avoine sur Minette.*

La minette ne donnant ordinairement qu'une coupe, aussitôt que le champ en est dépouillé, on lui donne une raye de charrue, de brabant, ou de binot pour retourner les racines avant l'hiver. Si on remarque que la terre est sâle, à la fin de l'automne on donne un deuxième labour précédé d'un coup de herse. Au printemps, on herse, et suivant l'état de la terre on donne un coup d'extirpateur, ou on sème sur le hersage. De toute manière, on recouvre la semence avec l'extirpateur qu'on fait suivre d'un coup de herse.

(Voir pour le surplus page 43.)

C'est ici qu'il conviendrait pour obtenir une récolte remarquable d'avoine, de semer immédiatement après la récolte de la minette, du sarrasin ; afin de l'enfouir en fleur dans le cours de l'automne.

67. *Betteraves fumées sur Avoine.*

(Voir page 74.)

68. *Dravière fumée sur Avoine.*

On binote l'éteule d'avoine sitôt après la récolte, où au plus tard dans le courant de l'automne. Au moment de fumer, on herse le binotis. On conduit

10 voitures de fumier par journal, on l'épand bien également, et on l'enfouit de suite par une raye de brabant de 14 à 15 centimètres (5 pouces de profondeur). Au printemps, on herse comme il faut la terre, on lui donne une raye de charrue de 11 à 12 centimètres, (4 pouces environ de profondeur) on herse, on sème, et l'on recouvre la semence avec la herse et l'on roule suivant le temps. Mieux on l'enfouit au binot.

Semaille de Dravière.

On mêle à 50 litres de grande vesce d'été, 25 litres environ d'avoine et 50 litres de feveroles, on sème à la volée, ce mélange par chaque journal.

Récolte de Dravière.

Ce fourrage est ordinairement coupé vert, pour être donné aux vaches ainsi qu'aux moutons, et même aux chevaux. On attend pour le couper que les dernières fleurs soient tombées, et les premières cosses un peu formées. C'est une abondante et fort bonne pâture qui se présente justement quand les granges sont souvent épuisées.

Récoltée sèche, la dravière est liée, mise en chaine comme les feveroles, elle procure ainsi au bétail, un bon fourrage à l'étable.

69. *Luzerne permanente.*

Ici comme pour la terre franche, la luzernière est supposée devoir durer 6 ans. C'est donc un journal de vieille luzerne à démonter chaque année, et à remplacer par un journal de jeune luzerne ; afin d'avoir toujours la même quantité de terre en luzerne.

Après avoir fourni ses deux premières coupes, le journal de vieille luzerne est démonté pour être semé en scourgeon, ou orge d'hiver ainsi qu'il est di page 102. Au printemps suivant, après le fauchage de l'orge verte, ce journal vient prendre la place d'un journal de sarrasin à la sixième année de rotation ; et celui-ci semé à son tour en jeune luzerne, vient permutter avec lui.

Jeune Luzerne semée en remplacement.

A l'un des quatre journaux destinés au sarrasin de la sixième année de rotation, on donne un coup d'extirpateur de plus qu'aux trois autres, afin que la terre soit bien divisée et préparée. On jette sur ce journal un tiers de semence de sarrasin de moins, que sur les autres. On recouvre la semence avec la herse, on roule et on sème 17 à 18 kilogrammes de graine de luzerne à la volée, qu'on recouvre ensuite à la herse.

(*Voir pour le surplus page* 100.)

3me SECTION.

70. *Assolement alterne combiné avec le Triennal.*

Dressé pour les terres craïeuses, et pour une rotation de 16 ans ayant 6 journaux de sainfoin en permanence.

1re *Année.*	2me *Année.*	3me *Année.*	4me *Année.*
Seigle avec trêfle et minette.	Trêfle mêlé de minette.	Pommes de terre fumées.	Méteil avec lentillon rioté.
5me *Année.*	6me *Année.*	7me *Année.*	8me *Année.*
Topinambourg et pamelle.	Vesce ou dravière fumée.	Méteil avec trêfle et minette.	Trêfle mêlé de minette.
9me *Année.*	10me *Année.*	11me *Année.*	12me *Année.*
Bisailles gesse sarclées, avec compost.	Seigle parqué, navets dérobés.	Avoine.	Feveroles sarclées et fumées.
13me *Année.*	14me *Année.*	15me *Année.*	16me *Année.*
Méteil avec minette.	Minette.	Avoine.	Pommes de terre fumées.

Il y a deux récoltes dérobées dans cet assolement. La première de navets d'automne sur éteule de seigle de la dixième année de rotation. La deuxième d'orge verte semée sur sainfoin démonté.

Comparaison des nourritures produites pour les bestiaux dans cet assolement, avec les besoins de la consommation. Même nombre de bestiaux conservés.

Production des Foins, Fourrages etc.

6 journaux	de sainfoin à 2 coupes à 350 bottes du journal.	2,100	b.tes
8	— de trêfle mêlé de minette à 2 coupes à 350 bottes.	2,800	
4	— de minette à 300 b. du journal.	1,200	
4	— de féveroles à 350 b.	1,400	
4	— de vesce ou dravière à 300 b. . .	1,200	
4	— de navets allant pour 200 b. du j.	800	
6	— de pommes de terre allant p. 400 b.	2,400	
2	— de topinambourg allant p. 250 b.	500	
2	— de pois, bisailles à 300 b. du j.al.	600	
2	— de gesse à 300 b.	600	
2	— de lentillon à 200 b..	400	
2	— de scourgeon vert à 300 b. . . .	600	
	Total de la production. .	14,600	b.tes
	Besoins de la consommation. .	13,779	
	Excédant. . .	821	

Production des Pailles.

12 journaux	de méteil à 300 bottes par journal.	3,600	b.tes
8	— de seigle à 250 id. id. . .	2,000	
8	— d'avoine à 200 id. id. . .	1,600	
2	— de pamelle à 250 id. id. . .	500	
	Total de la production. . .	7,700	
	Besoins de la consommation. .	7,483	
	Excédant. . . .	217	

(*Voir ci-contre pour le Tableau d'Assolement n.o 3.*)

Cette espèce de terre généralement assez hâtive, se cultive passablement en mars, et peut se préparer de bonne heure. Elle se cultive moins bien en automne et exige des semailles faites en saison.

Les fumiers courts des moutons, des bêtes à cornes, lui conviennent particulièrement. L'engrais liquide, les poudrettes, le noir de raffinerie, les tourteaux, les cendres, la boue des mares, le terreau, les composts lui sont favorables, le parcage produit sur elle un fort bon effet.

Les principaux instrumens aratoires à employer, sont :

La charrue picarde à versoirs mobiles et à fer pointu.

L'extirpateur à cinq socs, avec ou sans pointe.

La charrue Rosé, l'araire Dombasle, le brabant armé d'une pointe acérée.

Le binot du pays.

Le gros et le moyen rouleau.

La herse à dents de fer, la herse à tête de bois, la herse ordinaire.

Le hérisson ou bergère.

Dans ces sortes de terre, comme dans la précédente, il est bien essentiel de rouler fortement les blés et seigles au sortir de l'hiver, et de le faire aussitôt que le rouleau peut aller sans se trop charger de terre.

L'action des gelées soulève la terre en même temps que les racines du blé. Or, si le rouleau ne vient pas tasser le sol, quand le dessous est encore humide, les premières pluies du printemps en rebattant la surface de la terre, laissent la plus grande partie des racines à découvert; ce qui fait périr beaucoup de blé, et nuit considérablement à la récolte.

Pour obvier aussi à ce grave inconvénient, nous

conseillons le riotage au bord de l'hiver. A cet effet on divise le champ en laques de 3 à 4 mètres de largeur. On tire une pointe de terre qu'on jette sur les racines du blé en formant avec la bêche des rigoles de 35 à 40 centimètres de large, sur moitié de profondeur. Ce travail étant fait avant l'hiver, on laisse la terre en motte jusqu'après les gelées. Si, au contraire, ce riotage n'était fait qu'après les gelées, on passerait de suite un fort rouleau et alternativement une herse à reculons à diverses reprises, pour égaliser la surface de la terre et raffermir la plante déchaussée.

71. *Seigle sur Pommes de Terre, dans lequel on sème du Trèfle mêlé de Minette.*

Aussitôt les pommes de terre récoltées, on herse la terre à diverses reprises; on roule, on sème le seigle au binot, on herse et l'on hérissonne fortement. Au mois d'avril on sème dans le seigle 6 kilogrammes de graine de trèfle avec 4 kilogrammes de graine de minette par journal, mêlés et semés ensemble. On donne un léger coup de herse pour recouvrir la graine, ou bien on la laisse sur le sol; cela dépend des dispositions du temps. Un peu de plâtre cuit, un peu de cendre, ou de tourteau jeté en semant la graine de trèfle et minette, fait bien, et facilite la levée.

(*Voir pour la récolte du Seigle pages* 105 *et* 106).

72. *Trèfle mêlé de Minette dans le Seigle.*

(*Voir pages* 63 *et* 108).

73. *Pommes de Terre sur gazon de Trèfle fumé.*

Si l'on doit fumer avant l'hiver, on binote la terre aussitôt la deuxième coupe de trèfle fauchée ou pâturée. On herse au moment de conduire le fumier, et l'on fume à raison de 12 voitures du journal. Le fumier est à l'instant enfoui à la charrue ou au brabant, et on laisse ainsi passer l'hiver à la terre. Si, au contraire, on ne doit fumer qu'au printemps, on retourne le gazon de trèfle par une raye de brabant, de charrue Rosé ou de bonne charrue du pays, on donne à la raye de 12 à 14 centimètres (5 pouces de profondeur). Au printemps, on herse la terre, on fume à la raye, et l'on plante avec compost, comme il a été indiqué précédemment, pages 80, 109 et 110.

74. *Blé méteil avec Lentillon d'hiver, sur Pommes de Terre.*

Aussitôt les pommes de terre enlevées, on se hâte de transporter les tiges hors du champ. On herse la terre comme il faut, et l'on sème le méteil ou blé seigleux. La semence est enfouie au binot, puis hersée. Sur le hersage on sème de suite 25 litres de lentillon d'hiver par journal, qu'on recouvre à la herse. Après quoi, on hérissonne autant qu'on le peut.

C'est ici le cas de rioter, comme nous l'avons dit en tête de cette section : car après la pomme de terre, les céréales d'automne sont plus particulièrement exposées à être déchaussées par les grandes gelées. La terre fréquemment remuée dans le cours de la récolte des pommes de terre, n'a pas le temps de se raffermir avant d'être ensemencée de nouveau en céréales. C'est aussi pour cette raison que nous conseillons de semer sur un simple hersage, et d'enfouir la semence au binot. On peut encore donner une raye de charrue après la récolte des pommes de terre, et semer ensuite à la herse; nous préférons le semis au binot sur hersage.

75. *Topinambourgs sur Blé-Méteil.*

On donne, dans le courant de l'automne, une

raye de brabant ou de charrue de 12 à 15 centimètres (4 à 5 pouces environ) pour enfouir l'éteule du blé-méteil. Au mois d'avril, on herse, on donne un coup d'extirpateur; on herse de nouveau, puis on procède au plantage des topinambourgs.

Ce tubercule se plante comme la pomme de terre. Les gros tubercules seuls sont coupés en deux ou trois morceaux. Les petits se plantent entiers. En octobre, en novembre, les tiges du topinambourg sont données vertes aux vaches et aux moutons qui les mangent bien. Les tubercules sont déplantés au fur et mesure des besoins du cultivateur, et le déplantage général se fait en février et en mars. Il est fâcheux de ne pas voir dans les terres craïeuses cultiver le topinambourg davantage, car il n'est pas difficile pour le terrain, il offre sans beaucoup de soins et de peine, une nourriture saine et assez abondante.

(*Voir pour le surplus aux Pommes de Terre p.* 80, 109 *et* 110).

76. *Pamelle, ou Orge d'été sur Blé-Méteil.*

(*Voir pages* 106 *et suiv., comme sur seigle*).

77. *Dravière fumée sur Pamelle, et Topinambourgs.*

(*Voir pages* 118 *et* 119).

78. *Méteil avec Trèfle mêlé de Minette sur Dravière.*

(*Voir pages* 33 *et* 89).

79. *Trèfle mêlé de Minette dans le Méteil.*

(*Voir pages* 65 *et* 108).

80. *Pois ou Bisailles sarclés sur Trèfle.*

Dans le courant de l'automne, on retourne le gazon de trèfle par une raye de brabant, de charrue Rosé, ou de charrue du pays bien montée. Cette raye doit avoir de 12 à 15 centimètres (5 pouces environ de profondeur). On laisse ainsi hyverner la terre.

Le cultivateur dont la charrue ne retournerait pas parfaitement la terre, au lieu de donner une seule raye de charrue, ferait mieux de commencer par binoter le gazon aussitôt le trèfle enlevé, de herser ensuite fortement le binotis, et de donner une raye de charrue pour enfouir le gazon avant les gelées.

C'est pour éviter ce travail qui vaut rarement celui d'une seule raye de brabant, ou de toute autre charrue perfectionnée; que nous conseillons dans toute sorte de terrain, l'emploi de ces instrumens pour enfouir les éteules, les herbes, les racines, malgré la difficulté qu'on éprouve parfois à les faire fonctionner dans certains terrains. C'est aussi pour faciliter leur travail qu'on les arme d'une pointe acérée. Nous avons vu le brabant ainsi disposé faire de fort bon travail dans les terres craïeuses, ou à cailloux, et retourner la terre comme ne saurait le faire la charrue du pays la mieux montée.

Au printemps, avant de semer les pois ou bisailles; on donne à la terre une nouvelle raye de charrue d'environ 11 centimètres (4 pouces) de profondeur. On herse, on sème, et l'on recouvre la semence à la herse. Avant de semer, on jette du compost sur le premier hersage; à défaut de compost, de la poudrette ou du tourteau.

Comme la bisaille et la gesse précèdent une céréale, il convient de les semer en ligne et de les sarcler. A cet effet, après avoir hersé graduellement la terre au printemps, on ouvre une raye de binot. Des filles jettent les pois ou bisailles à la main dans cette raye, comme il a été indiqué pour les févecoles. Une autre raye de binot est ouverte à côté pour recouvrir la semence. On ne sème pas cette raye, mais on en ouvre une autre qui est semée, et ainsi de suite. De cette manière, le champ se trouve semé d'une raye sur deux. On herse ensuite le binotis, et suivant le temps, on roule ou on reste sur le hersage. Le binotis doit être peu profond, une petite raye de 8 à 11 centimètres (3 à 4 pouces) suffit. On sarcle une couple de fois avant que les pois ou bisailles ne soient en fleur.

(*Voir pour le surplus pages* 114 *et* 115).

81. *Gesse d'été sarclée sur Trèfle.*

La préparation de la terre pour gesse, est la même que celle pour pois et bisailles. Nous recommandons de nouveau de jeter au printemps sur le hersage qui précède la semaille de la gesse, soit du compost, du terreau, du tourteau, des cendres, des poudrettes, et de semer en ligne, comme il vient d'être indiqué pour faciliter le sarclage de la gesse.

Cette graine se sème courant du mois de mars, ou au commencement d'avril, à raison de 100 à 110 litres par journal; elle se recouvre avec la herse quand elle n'est pas semée en lignes.

La gesse, dans certaines localités est coupée verte, pour être donnée aux bestiaux, comme on fait de la dravière. Les chevaux, vaches, moutons, bœufs, la mangent ainsi avec plaisir. Quand on la laisse venir à maturité, elle est fânée comme la vesce. Il est à observer que récoltée sèche, la gesse passe pour échauffer les chevaux, cependant donnée dans une sage proportion avec du foin; elle ne leur est pas nuisible. Elle convient d'ailleurs, parfaitement aux moutons.

82. *Seigle parqué, sur Pois, Bisailles, Gesse.*

Après la récolte de ces divers produits; on herse convenablement la terre, on lui donne une raye de charrue de 11 à 14 centimètres (4 à 5 pouces de profondeur), on herse, on parque si l'on est forcé de le faire avant la semaille ; on herse le parcage au fur et à mesure qu'il est fait, pour empêcher l'évaporation : et quand le moment de semer est venu, on enfouit la semence au binot ou à la herse à dents de fer.

Si au contraire, on peut remettre à parquer après l'ensemencement, le seigle n'en vaudra que mieux. Alors, on sème à la herse et on assied le parc sur le seigle semé. Il faut observer pourtant que si par rapport à la faiblesse du troupeau, le parcage devait durer quelques temps ; il faudrait alors semer à diverses reprises, afin que le seigle ne soit pas trop haut monté quand les moutons parqueront.

(*Voir pour le surplus pages* 105 *et* 106.)

83. *Navets dérobés, sur Seigle.*

(*Voir pages* 42 *et* 113.)

84. *Avoine sur Navets d'automne dérobés.*

(*Voir pages* 45, 113 *et* 114.)

85. *Feveroles fumées et sarclées sur Avoine.*

(*Voir pages* 85 *et suiv.*)

86. *Méteil avec Minette sur Feveroles.*

(*Voir pages* 33 *et* 89.)

87. *Minette dans Méteil.*

(*Voir pages* 64 *et* 117.)

88. *Avoine sur Minette.*

Après l'enlèvement de la minette, la terre est binotée, puis fortement hersée par un beau temps. Dans le courant de l'automne, on donne une raye de charrue de 11 à 12 centimètres (4 pouces environ), on laisse ainsi hyverner la terre. Au lieu de charrue, nous préférons le brabant, la charrue Rosé, l'araire Dombasle pour les raisons que nous avons déjà données.

Au printemps, on herse la terre, on lui donne un coup d'extirpateur, on herse de nouveau, on roule, on sème, et l'on recouvre la semence à l'extirpateur. (*Voir pour le surplus pages* 43 *et* 118.)

89. *Pommes de terre fumées sur Avoine.*

(*Voir pages* 80 *et* 109.)

90. *Sainfoin permanent à 2 coupes*

Le sainfoin est supposé devoir durer 4 ans, c'est donc un journal et demi de vieux sainfoin à demonter chaque année, et à remplacer par un journal et demi de jeune sainfoin, afin d'avoir toujours la même quantité de terre en sainfoin. Si pourtant à la troisième année, on s'apperçevait que le sainfoin s'enherberait trop; on en démonterait deux journaux au lieu d'un journal et demi, et on les remplacerait par deux journaux de jeune sainfoin. Alors la rotation du sainfoin ne serait plus que de trois ans au lieu de quatre.

Le sainfoin à démonter ayant donné sa première coupe; on fait pâturer la deuxième en temps opportun: puis, on en retourne le gazon et les racines par une raye de brabant, de charrue Rosé, ou de pays, de 14 centimètres (ou 5 pouces environ de profondeur). On herse ensuite avec soin, et toujours graduellement pour ne pas ramener de gazon à la surface du sol, on gouverne ainsi la terre jusqu'à l'époque où elle doit être semée en scourgeon, ou orge d'hyver.

Au printemps suivant, quand l'orge a été fauchée verte; la terre qui l'a produite vient prendre la place d'une même quantité de terre dans les 4 journaux destinés à produire avoine, à la onzième année de rotation, et permutter ainsi avec elle.

Jeune Sainfoin à 2 coupes en remplacement du vieux Sainfoin démonté.

Aussitôt après l'enlèvement des navets dérobés de la deuxième année de rotation; on donne à la terre une raye d'araire, de brabant, de charrue Rosé, ou de pays de 12 à 15 centimètres (4 à 5 pouces) de profondeur. On laisse ainsi passer l'hyver. Dans le courant du mois de mars suivant, ou au commencement d'avril, on herse la terre, on lui donne un coup d'extirpateur, on herse et l'on roule alternativement, jusqu'à ce que le sol soit bien divisé et préparé. On sème après le rouleau 60 à 70 litres d'avoine au journal qu'on recouvre à l'extirpateur. On herse, on roule de nouveau, on cendre comme il faut la terre, puis l'on sème à raison de deux hectolitres de graine de sainfoin par journal. La semence est recouverte à la herse, on roule si le temps le demande, et l'on attend ainsi la maturité de l'avoine.

L'avoine avec le sainfoin de la première année, doit être coupée avec précaution. Il faut ne pas faucher trop bas, et se garder de donner du talon de la faulx afin de ménager le cœur ou l'œillet du jeune sainfoin.

Au printemps suivant, on cendre ou l'on plâtre convenablement le jeune sainfoin. On le fauche quand il est bien en fleur, et on le fâne comme on fait pour la luzerne ou le trèfle.

On cultive deux sortes de sainfoin. Celui à une seule coupe, celui à deux coupes. Il se peut qu'on trouve dans certain terrain, ce dernier un peu moins fort que l'autre ; cependant, la seconde coupe fauchée, ou pâturée, compense bien la différence. En le cultivant d'ailleurs, le cultivateur a deux chances : et il peut être dédommagé par la seconde coupe, du mauvais temps qui aura compromis la première ; tandis que tout espoir est perdu pour l'année, quand le sainfoin à une seule coupe vient à manquer.

Tous les animaux sont friands de ce foin. On peut le leur donner sans danger immédiatement après sa récolte. C'est là un grand avantage que n'offrent pas les autres foins. Ensuite, le sainfoin est peu difficile sur le choix du terrain. Voilà ce nous semble, de bonnes raisons pour en recommander particulièrement la culture.

Lorsque la plante du sainfoin à la deuxième année, a acquis certaine force, quand les racines ont pris quelque consistance ; il convient de herser le champ après les fortes gelées avec la herse à dents de fer, ainsi qu'on fait pour les luzernes.

Ce hersage a aussi pour but de déraciner les mauvaises herbes, et d'activer la végétation du sainfoin.

Le cendrage du sainfoin se fait comme celui de la luzerne et du trèfle ; mais il a lieu un peu plutôt. La récolte s'opère comme celle de ces derniers foins.

(*Voir pages* 65 *et* 100, *trèfle et luzerne*).

Culture des terres craïeuses en Billons et par Lit-avant.

Pour les terres craïeuses, qui n'ont qu'une faible couche de terre végétale, nous croions devoir indiquer un mode de culture emploié par un agronome zélé de notre département. M. De Rainneville d'Allonville.

M. De Rainneville possède une propriété de 70 hectares (environ 160 journaux) de petites terres craïeuses, sur le terroir d'Allonville près de la grande route d'Albert à Amiens, à 6 kilomètres (environ une lieue et demie) de cette dernière ville.

Cette propriété a d'abord été mise toute entière en prairie artificielle, divisée et plantée de peupliers gouvernés en têtards. Au bout de quelques années, un quart a été démonté. La moitié de ce quart ou un huitième de la prairie a été cultivé en billons d'un mètre de largeur, avec insterstice d'un mètre entre deux billons ; c'est-à-dire tant vide, tant plein.

L'autre huitième a été défoncé par un lit-avant.

Pour former ces billons d'un mètre de largeur. On se sert d'une petite charrue Belge, ou Leu Brabant fort léger, traîné par un cheval, un bœuf, ou deux vaches. Pour commencer, le laboureur place sa charrue au milieu du billon qu'il veut faire. Il trace une raye de 24 à 26 centimètres (9 pouces de large), sur 8 à 9 centimètres (3 pouces d'épaisseur). En revenant, il trace une autre raye contre la première, reprend sa première place pour ouvrir une troisième raye sur la première, puis, il revient en ouvrir une quatrième sur la seconde, et forme ainsi un billon ou planche de quatre rayes adjacentes.

Il déplace alors sa charrue, la porte à environ un mètre et demi de distance de la dernière raye recouverte, pour former un second billon.

Il continue de labourer ainsi tout son champ.

Il reste nécessairement entre chaque billon retourné, deux rayes vides, et au milieu d'elles, une ligne de terre en gazon. A l'aide d'une charrue sans oreille disposée à cet effet, et que M. De Rainneville nomme une taupe ou fouilleur, on fouille la terre dénudée, ainsi que la ligne de gazon restante, puis la terre fouillée, est rejettée à la pelle, sur chaque billon ou planche labourée.

De cette manière, la couche de terre végétale acquiert le double environ de son épaisseur ordinaire, et permet d'y cultiver toute espèce de plantes, même les racines pivotantes telles que betteraves et carottes.

Le lit-avant s'opère de la même manière, ou à l'aide d'une bonne charrue de pays. Mais à chaque deux, trois ou quatre rayes, le fouilleur passe dans la raye ouverte, et la terre qu'il a remuée, est ensuite rejettée sur le labour avec la pelle.

Ou bien, au lieu de faire passer le fouilleur dans la raye ouverte, on enlève une pointe de terre dénudée à la bêche, et on la jette sur le labour. Cela dépend du défoncement qu'on veut opérer, des ouvriers et des instrumens dont on peut disposer.

Après ces explications sur la culture en billons et par lit-avant ; si quelque cultivateur voulait appliquer aux terres craïeuses la méthode que nous venons d'indiquer ; voici pour opérer avec quelque régularité, l'assolement qu'il pourrait adopter.

Nous partons de ce point que toute l'exploitation est en prairies artificielles composées de sainfoin, luzerne, pimprenelle, trèfle blanc et ray-grass.

Nos 64 journaux seraient divisés en 16 soles de 4 journaux chacune.

Chaque année, 16 journaux de vieille prairie, seraient demontés, pour être remplacés par 16 autres journaux de jeune prairie. Sur ces 16 journaux de prairie démontée, 8 journaux seraient cultivés par lit-avant, et les 8 autres en billons ainsi qu'il vient d'être expliqué.

On cultiverait sur les 8 journaux préparés par le lit-avant.

1° Blé d'hyver parqué sur semaille.
Minette et navets en récolte dérobée.
2° Vesce, dravière, pommes de terres fumées.
3° Avoine.
4° Navets ou colza en récolte dérobée.
Sarrasin et nouvelle prairie.

On cultiverait sur les 8 journaux préparés en billons.

1° Topinambourgs.

2° Jachère, pour remettre le champ dà'plomb.

3° Avoine sur terrain à plat.

4° Navette, sarrasin, prairie nouvelle pâturable en juillet ou août.

Nous pensons devoir ajouter que le blé d'hyver que nous avons vu à la fin de novembre, avait été semé en lignes, et avec une notable économie de semence. Les lignes étaient à 27 centimètres (9 pouces) d'écartement; cependant, à toutes les huit lignes on avait ménagé un intervalle de 60 centimètres, (environ 20 pouces) dont la terre a été depuis rejettée entre les lignes, afin de rechausser la plante du blé pour passer l'hyver. Ce blé avait bonne fâne, bonne couleur, et la terre était bien nette. On nous a aussi présenté une gerbe d'avoine, dont la paille était fort belle et le grain remarquablement beau.

M. De Rainneville emploie nécessairement beaucoup d'ouvriers et notamment des femmes et garçons à ce genre de culture. Il les paie à la tâche, leur fait gagner de bonnes journées, et il assure que ses frais de culture ne s'élevent guères au-dessus de ceux d'une culture ordinaire, et ses récoltes sont dit-il beaucoup plus abondantes.

4.me Section.

91. *Assolement alterne, combiné avec le trienna*

Dressé pour les terres à cailloux, et pour une rotation de 16 ans, ayant 6 journaux de luzerne mêlée de sainfoin en permanence.

1.re *Année.*	2.me *Année.*	3.me *Année.*	4.me *Année.*
Blé avec trèfle.	Trèfle.	Betterave. Œillette. Lin fumés.	Blé. Navets dérobés.

5.me *Année.*	6.me *Année.*	7.me *Année.*	8.me *Année.*
Avoine.	Colza repiqué fumé.	Blé, avec trèfle.	Tréfle.

9.me *Année.*	10.me *Année.*	11.me *Année.*	12.me *Année.*
Hyvernache.	Blé, parqué.	Avoine.	Féveroles sarclées, fumées.

13.me *Année.*	14.me *Année.*	15.me *Année.*	16.me *Année.*
Blé et trèfle anglais dérobé.	Pommes de terre avec compost.	Bisaille. Dravière.	Colza repiqué fumé.

Il y a trois récoltes dérobées dans cet assolement.

La première de navets d'automne, sur éteule de blé de la quatrième année de rotation.

La deuxième de trèfle anglais mis sur deux journaux d'éteule de blé de la treizième année de rotation.

La troisième d'orge verte sur luzerne démontée.

Comparaison des nourritures produites pour les bestiaux dans cet assolement, avec les besoins de la consommation. (Même nombre de bestiaux conservés).

Production des Foins, fourrages, etc.

6 journaux	de luzerne mêlée de sainfoin à 2 coupes, à 400 bottes du journal.		2,400 b.tes
8 —	de trèfle, 2 coupes à 400 b. du j.		3,200
4 —	d'hyvernache à 400 b.		1,600
4 —	de féveroles à 400 b.		1,600
2 —	de pois, bisaille à 300 b.		600
2 —	de vesceà 300 b		600
2 —	de betteraves allant pour	400 b.	800
4 —	de pommes de terre	» 400 b.	1,600
4 —	de navets	» 250 b.	1,000
2 —	de trèfle anglais	» 350 b.	700
1 —	d'orge verte ou scourgeon	400	400
	Total de la production.		14,500 b.
	Besoins de la consommation.		13,779
	Exécdant.		721

Production des Pailles.

20 journaux de blé à 325 bottes par journal.	6,500	b.tes
8 — d'avoine à 200 bottes » . .	1,600	
Total de la production. .	8,100	
Besoins de la consommation. .	7,483	
Excédant. . . .	617	

(*Voir ci-contre le Tableau d'Assolement, N.° 4.*).

Cette sorte de terre est ordinairement froide, tenace, difficile à traiter.

Il convient d'y faire toute espèce de semailles de très-bonne heure, et d'activer de tout son pouvoir les labours et hersages quand la terre est à point. Reprise trop humide, elle ne se divise pas bien. Reprise trop sèche, on l'entâme difficilement. Cependant, elle donne des céréales de bonne qualité et d'un poids remarquable quand elle est bien entretenue de fumiers, d'engrais et d'amendement. Les fumiers et engrais qui lui conviennent le mieux sont d'abord, les fumiers longs et pailleux conduits et enfouis au sortir des écuries et des étables. Ensuite la marne au bord de l'hiver, et en tout temps le sable, les décombres, le gravois des routes, les cendres de houille, de tourbe, les composts. Enfin tout ce qui peut diviser la terre lui convient spécialement.

Les principaux instrumens aratoires à employer, sont :

Les bonnes et fortes charrues picardes à fers pointus, à versoirs mobiles.

La charrue Rosé, l'araire Dombasle, le fort brabant armés de pointes d'acier.

L'extirpateur à cinq socs, armé de pointes acérées.

Le binot ordinaire.

La herse bataille, celle à dents de fer, la herse à tête, la herse ordinaire.

Le rouleau long et d'un moyen diamètre, le gros rouleau.

Il est certaines terres à cailloux sur lesquelles les gelées ont une puissante action. Il convient de les rouler au sortir de l'hiver comme nous l'avons indiqué ci-devant, quand elles sont chargées de céréales de saison.

92. *Blé avec Trèfle sur Colza repiqué.*

On binote la terre à colza aussitôt qu'elle est libre, après en avoir enlevé les racines ; si toutefois les ouvriers ne l'ont point fait. On herse le binotis, puis on donne une raye de charrue de 14 centimèt. (5 pouces environ de profondeur). On gouverne ensuite la terre à la herse jusqu'au moment des semailles qu'il faut faire de bonne heure, fin de septembre ou premiers jours d'octobre au plus tard.

Semence du Blé.

On sème de 100 à 120 litres de blé préparé par journal, qu'on recouvre au binot. On ne saurait trop renouveler la semence du blé dans cette espèce de terre ; surtout s'il s'y trouve, comme il arrive souvent, beaucoup d'oxide de fer mêlé à l'argile. Le trèfle se sème au printemps, ainsi qu'il est indiqué page 65.

Récolte du Blé.

Le blé se coupe à la faucille, ou de préférence à la grande faulx.

Le piquet travaille péniblement dans ces sortes de terrains, parce que le taillant est à chaque instant émoussé par les cailloux. Cependant, d'habiles piqueteurs, l'entreprennent, et font de bon travail. Il faut une grande habitude pour ne pas laisser le chaume trop haut, ou pour ne pas battre les silex avec la faulx.

(*Voir pour le reste*, *pages* 33 *et* 63.)

93. *Trèfle dans Blé.*

(*Voir pages* 64 *et suiv.*)

94. *Plant de Colza sur Trèfle de la 2.me année de rotation.*

On ne fait qu'une coupe de trèfle sur les quatre journaux de la deuxième année de rotation, et l'on fait paître la seconde coupe quand le temps le permet. On retourne le gazon au fur et mesure que la deuxième coupe est pâturée, par une raye de brabant, de charrue Rosé, ou de charrue ordinaire bien montée. On herse à diverses reprises, et toujours graduellement la terre labourée. Puis on y maintient le plus qu'on peut les moutons, pour ravaler la terre et la parquer à demi. On sème du tourteau, de la cendre ; on jette du purin sur la terre avant de semer la graine du colza ; on recouvre la graine avec la herse et l'on finit par rouler fortement. On ne saurait apporter trop de soins au plant de colza, car il doit suffire à repiquer les huit journaux de l'assolement. Ce serait donc une grave erreur de regarder à la dépense pour s'assurer du plant, puisqu'il devient impossible sans cela de cultiver le colza repiqué. Après l'enlèvement du plant, on donne à la terre une raye de charrue pour l'hyverner, et autant qu'on le peut faire, on fume pendant l'hiver pour la betterave, l'œillette ou le lin qui suit.

95. *Betteraves fumées sur plant de Colza.*

Aussitôt après l'enlèvement du plant de colza mis sur trèfle ; on herse, ou on binote la terre suivant son état de netteté. On conduit à raison de 10 voitures de fumier par journal qu'on enfouit de suite au binot, à la charrue Rosé, ou au brabant. Au mois d'avril, on herse bien la terre, et si le fumier a été enfoui au binot, on donne une raye de brabant ou de charrue Rosé de 15 à 16 centimètres (5 à 6 pouces) de profondeur. Si au contraire, le fumier a été enfoui au brabant, on donne une raye de charrue du pays de la profondeur ci-dessus, après laquelle on herse, et on roule alternativement, jusqu'à ce que la terre soit bien préparée.

(*Voir pour le surplus pages* 74 *et suiv.*)

96. *Œillette fumée sur plant de Colza.*

Préparation de la terre comme pour les betteraves ci-dessus.

(*Pour le surplus voir pages* 94 *et suiv.*)

97. *Lin fumé sur plant de Colza.*

Aussitôt le plant de colza enlevé, il faut fumer de court fumier, l'enfouir au binot, et laisser ainsi passer l'hiver à la terre.

Au printemps, on donne une raye de charrue, ou mieux de brabant de 11 centimètres (4 pouces) de profondeur, après avoir auparavant fortement hersé la terre. On herse de nouveau, on roule alternativement sur le dernier labour, et ce n'est que quand la terre est bien ameublie, bien divisée, qu'on sème sur le coup de rouleau.

(*Voir pour le surplus pages* 67 *et suiv.*)

98. *Blé sur Betterave.*

Pour cultiver le blé après betterave, il faut récolter celle-ci de bonne heure. C'est-à-dire de la fin de septembre, au commencement d'octobre au plus tard. Aussitôt les betteraves enlevées, les feuilles épandues bien également sur-le-champ, on donne une raye de charrue de 14 centimètres environ (5 pouces de profondeur). On herse, on roule et l'on sème. La semence se recouvre au binot ou à la herse à volonté. On peut encore se contenter d'épandre les feuilles de betteraves, et semer sur la terre qui est ordinairement très nette après les sarclages donnés à la betterave. On enfouit alors la semence au binot. Il n'est pas rare de voir le blé traité avec si peu de façon, reussir mieux qu'un autre. On ne saurait trop hérissonner après avoir semé.

(Pour le surplus voir pages 33 et suiv.)

99. *Blé sur Œillette.*

(Voir pages 33 et suiv.)

100. *Blé sur Lin.*

(Voir pages 33 et suiv., 74.)

101. *Navets d'automne sur éteule de Blé.*

(Voir pages 42 et suiv.)

102. *Avoine sur Navets dérobés.*

(Voir pages 43 et suiv.)

103. *Colza repiqué, et fumé sur Avoine.*

(Voir pages 47 et suiv.)

104. *Blé avec Trèfle sur Colza.*

(Voir pages 63 et 33 et suiv.)

105. *Trèfle dans Blé,*

(Voir pages 64 et suiv.)

106. *Hyvernache sur Trèfle.*

On se hâte d'enlever la deuxième coupe de trèfle, pour donner à la terre une raye de brabant, de charrue Rosé, ou même de bonne charrue de pays de 14 à 16 centimètres (5 à 6 pouces) de profondeur. On herse à diverses reprises et graduellement pour ne pas ramener de gazon à la surface du sol. On fait suivre chaque coup de herse, d'un coup de rouleau, et l'on sème l'hyvernache à la herse. Un cendrage au bord de l'hyver, ou au commencement du printemps, produit un fort bon effet.

(Voir pour le surplus pages 71 et suiv.)

107. *Blé parqué sur Hyvernache.*

(*Voir pages 74 et 33 et suiv.*)

108. *Avoine sur Blé.*

(*Voir pages 43 et suiv. et 89.*)

109. *Feveroles fumées et sarclées sur Avoine.*

L'avoine enlevée, on en binote l'éteule : on conduit aussitôt qu'on le peut, à raison de 8 à 10 voitures de fumier par journal. On herse au moment de conduire le fumier, et on l'enfouit par un nouveau coup de binot pour passer l'hyver. Au printemps, on herse énergiquement la terre, on binote même de nouveau si la terre est sale, et l'on sème les féveroles à la charrue une raye sur deux. Si on ne pouvait fumer qu'au printemps, on mettrait le fumier à la raye, ainsi qu'il a été indiqué page 86.

(*Pour sarclage et récolte. Voir pages 86 et suiv.*)

110. *Blé sur Féveroles sarclées.*

(*Voir pages 33 et suiv. et 89.*)

111. *Trèfle anglais sur éteule de Blé.*

(*Voir page 80*).

112. *Pommes de terre fumées sur éteule de Blé.*

Ces pommes de terre étant placées sur éteule de blé, permettent de binoter la terre dans le courant d'automne, et d'y conduire avant l'hiver le fumier dont elle a besoin. Au moment de fumer, on herse la terre, on épand à raison de 10 à 12 voitures, de fumier au journal qu'on enfouit aussitôt. On laisse ainsi hyverner la terre. Elle est reprise au printemps, pour être plantée comme il est indiqué page 80 et suiv.

113. *Pommes de terre avec compost sur Trèfle anglais.*

Le retard apporté par la récolte du Trèfle anglais, ne permet pas de fumer ni de planter les deux journaux de pommes de terre, en même temps que les deux journaux précédens. Par ces raisons, on se hâte de binoter le gazon de trèfle anglais aussitôt qu'on peut le faire. On herse avec force le binotis, puis on plante avec le compost ainsi qu'il est dit pages 80 et suiv.

Il est bon ici d'appuyer fortement sur le compost de poulnée, cendre, suie, paillette, etc., que les planteurs jettent sur les morceaux de pommes de terre ; parce que la terre n'ayant pu être fumée et ayant donné une récolte de plus que celle précédente, la récolte des pommes de terre pourrait en souffrir.

114. *Pois, Bisaille, sur Pommes de terre de compost.*

On donne après l'enlèvement des pommes de terre, une raye de charrue à la terre pour la laisser hyverner. Au printemps, on la herse, on lui donne une nouvelle raye de charrue de 12 à 14 centimèt. (4 à 5 pouces) de profondeur. Mieux vaut une raye de brabant, après laquelle on herse, on roule et l'on sème.

(*Voir pour le surplus pages* 80 *et suiv.*)

115. *Dravière sur Pommes de Terre fumées.*

Préparation de la terre comme pour bisaille et pois ci-dessus.

(*Pour le surplus voir pages* 118 *et suiv.*)

116. *Colza repiqué et fumé sur Pois, Bisaille, Dravière.*

(*Voir pages* 47 *et suiv.*)

117. *Luzerne mêlée de Sainfoin permanente.*

Comme pour la terre franche, la luzernière est supposée devoir ici durer six ans. C'est donc un journal de vieille luzerne à démonter chaque année, et à remplacer par un journal de jeune luzerne mêlée de sainfoin; afin d'avoir toujours la même quantité de terre en luzerne.

Après avoir fourni les deux coupes de la 16e année de rotation, un journal de vieille luzerne est démonté par une seule raye de charrue Rosé, brabant ou de charrue picarde bien montée, armée de pointe d'acier. Le labour est hersé à diverses reprises, et toujours graduellement pour éviter de ramener le gazon à la surface. L'orge d'hiver est enfin semée au commencement d'octobre, ou fin de septembre, et recouverte par un coup de herse, pour être coupée verte au printemps.

Au mois d'avril, ou commencement de mai, après la récolte de l'orge verte, le journal qui l'a produite, vient prendre la place d'un journal d'avoine de la cinquième année de rotation. Celui-ci semé à son tour de jeune luzerne mêlée de sainfoin, vient prendre sa place et permutter avec lui.

Jeune Luzerne mêlée de Sainfoin, en remplacement du journal de vieille Luzerne démontée.

Après avoir bien préparé l'un des quatre journaux destinés à l'avoine de la cinquième année de rotation, après y avoir semé seulement les deux tiers d'une semence ordidaire d'avoine, après avoir recouvert la semence à l'extirpateur; on sème un hectolitre de sainfoin sur ce journal, qu'on recouvre d'un coup de herse. L'on roule, et de suite on sème de nouveau dix kilogrammes de graine de luzerne qu'on recouvre également avec la herse, et l'on finit en roulant fortement. Quand on fauche l'avoine mûre, il faut avoir la précaution de ne pas la couper trop près du sol. Avant ou après le semis de luzerne, un bon cendrage, ou mieux du purin mêlé de tourteau, jeté sur la terre, produisent un bon effet, et assurent la levée ainsi qu'une bonne récolte.

(*Pour le surplus, voir pages 100 et suiv*).

5.e SECTION.

118. *Elève des Bestiaux.*

On peut à la rigueur élever des bestiaux partout; mais on ne les élève pas partout avec avantage.

Il faut d'abord être secondé par la localité, puis avoir un goût prononcé pour l'espèce de bétail qu'on veut élever. Disons plus, disons que, même dans des positions favorables, tous les éleveurs sont loin de réussir. Il leur faut de l'ordre, des soins, de l'entente, de l'économie sans lésinerie, et par dessus tout, il faut la vigilance d'une bonne ménagère. Heureux les éleveurs qui possèdent tout cela; car il ne faut rien moins que cela, pour élever avec succès!

119. *Elève des Chevaux.*

L'élève des poulains pour être profitable doit se faire dans les vallées. Encore faut-il des vallées choisies, ou les prairies soient saines, abritées des mauvais vents, divisées avec soin, et garnis de bonne herbe. Il faut que les jeunes sujets puissent y paître sans danger, et en toute liberté. Il faut de plus, par les soins donnés à l'étable pendant l'hyver, que les poulains continuent à se développer sans interruption : car il ne suffit pas pour élever, d'avoir d'abondantes nourritures; il faut encore les distribuer avec ordre, régularité et propreté.

Nous ne saurions dans ce manuel abrégé, avoir la prétention d'indiquer aux cultivateurs les espèces de chevaux qu'ils doivent élever; cela tient aux débouchés, aux ressources nutritives qu'ils possèdent, au genre d'étalon dont ils peuvent disposer. Cependant, on peut dire qu'en général, les chevaux de trait demi-fins sont d'une défaite plus assurée que les chevaux fins, surtout quand ils réunissent comme ceux du Perche et du Boulonnais, la vigueur à certaine légéreté, qualités recherchées aujourd'hui fort loin, et généreusement paiées.

Il est certain d'ailleurs qu'ils ne coûtent pas plus à élever que d'autres sujets, qu'ils travaillent avec autant d'ardeur, avec plus de vitesse, et se vendant presqu'aussi chers que les chevaux fins, ils trouvent plus facilement acheteurs.

Quelque soit du reste l'espèce qu'on élève, le choix de l'étalon est d'une extrême importance, par la raison que les poulains tiennent généralement plus du père que de la mère. L'étalon doit être ni trop jeune, ni trop vieux, ferme et bien conservé dans ses à plombs; car, on a remarqué que les poulains provenant d'étalons forcés sur leurs membres, s'en ressentaient toujours dans leurs formes.

Vers les deux ou trois derniers mois de la gestation de la mère, il est indispensable de lui ménager le travail, et de lui donner en quantité suffisante les meilleurs aliments. Si la parturition se fait naturellement, on se contente de bien bouchonner la jument, de la couvrir d'étoffe de laine, et de lui présenter des breuvages d'eau d'orge.

Le poulain sitôt après sa naissance, doit être laissé en liberté avec sa mère dans un local clos et séparé tenu un peu chaudement.

On habitue le premier jour le poulain à têter sa mère, en s'assurant que celle-ci n'éprouve pas d'aversion pour lui. Cette aversion d'ailleurs rare, n'est bien souvent qu'instantanée, en prenant le soin de distraire la jument par quelqu'aliment préféré, elle se laissera bientôt têter et affectionnera vite son petit.

Pendant l'allaitement, on doit ménager le travail à la mère sans la laisser pourtant dans un repos complet. A six mois, le poulain est ordinairement sevré. Il faut autant que possible après le sevrage, le laisser paître en liberté : prenant le soin toutefois de le faire rentrer chaque nuit à l'écurie, afin de le garantir du froid et de le familiariser tout doucement avec son état futur de domesticité.

En le sevrant, le poulain doit être nourri au vert, ou faute de nourriture verte, on doit lui donner ce qu'on possède de meilleur foin. Nourri au vert ou au sec, le poulain doit chaque jour avoir sa ration d'avoine ou de féveroles concassées. On l'habitue peu-à-peu au licol, puis à la bride, aux harnais, jusqu'à ce qu'il ait atteint environ l'âge de trois ans. A cet âge, on l'emploie à des travaux légers et peu soutenus. A quatre ans, sa nourriture ne doit plus différer de celle des autres chevaux. Il convient cependant de lui ménager encore le travail. C'est à l'âge de 4 à 5 ans que les chevaux se vendent le plus avantageusement. On pense dans certaines localités que l'avoine, l'orge, les fourrages en grain disposent les poulains à la fluxion périodique ; mais cette opinion est combattue justement selon nous, par d'habiles vétérinaires. Ils ne nient pas que ces nouritures données avec excès, ne puissent avoir de l'influence sur cette maladie, mais ils sont bien plus disposés à l'attribuer à la mauvaise tenue des écuries où les poulains séjournent constamment, lorsqu'ils sont élevés à l'auge. Ils croient que la fluxion est due au défaut de liberté, et surtout aux miasmes que dégage le sol des écuries non pavées, où les poulains sont comme emprisonnés.

Si l'on a dit avec raison, que la taille du cheval était dans le sac à l'avoine, on peut dire aussi que sa débilité, la plupart de ses défauts, de ses vices, son dûs au manque de soins, de liberté, de nourriture dont a souffert le poulain.

120. *Elève des Bêtes à corne.*

Ici encore, pour élever avec succès, il faut consulter les localités, et surtout l'aptitude des cultivatrices : car, il est telle ménagère qui avec moitié moins de dépense, fera de beaux élèves, tandis que telle autre consommera le double pour ne faire rien qui vaille. Ainsi, même dans une localité convenable, il est reconnu que l'élève des bêtes à corne n'est profitable au cultivateur qu'autant qu'il a femme, fille, ou servante active, soigneuse, vigilante, ayant du goût pour sa besogne, et d'un ordre, d'une régularité parfaite.

Ces qualités sont bien essentielles, puisqu'avec elles on voit élever avec succès, même dans les localités les moins convenables. Cependant, on observe que dans les endroits propres à l'élève, l'exemple et l'amour-propre soutiennent les éleveurs qui ailleurs, se laisseraient aller à un peu de négligence sans aucun doute.

Dans les contrées où les travaux agricoles s'exécutent avec les chevaux, on n'élève guères que les vêles ou génisses. Les mâles sont vendus peu de jours après leur naissance, ou sont engraissés pour la boucherie.

Avant le vêlage, on supprime peu-à-peu le lait de la mère, en la traïant de plus en plus rarement. Cette supression du lait profite au fœtus, qui se développe mieux, et devient plus fort.

Il faut alors donner à la mère des nourritures substantielles telles que de bons regains, du fourrage en grain, du tourteau de lin, de chenevis, des breuvages tièdes.

Quand la vache est arrivée à terme, on la veille,

on lui fait une forte litière, en disposant la paille de telle sorte que le derrière ne se trouve pas plus bas que le devant. Si le vêlage est difficile, on se hâte de recourir au vétérinaire. En tous cas, et en attendant, des cordiaux de vin, de cidre, de bière administrés promptement, ne peuvent que faciliter la parturition.

Après le vêlage, on doit continuer les breuvages, les racines, les tourteaux, puis toutes les nourritures substantielles qu'on donnait à la vache auparavant.

Quand le veau est venu bien constitué, il est d'usage en Flandre de lui donner du lait avec des œufs battus. Il est de suite séparé de sa mère, et placé dans une niche bien fermée et disposée à cet effet. On lui garnit le museau d'un panier d'osier afin qu'il ne contracte pas de mauvaises habitudes; et on lui donne à boire régulièrement quatre à cinq fois par jour. Pendant les dix à quinze premiers jours, on continue à mêler des œufs au lait dont on l'abreuve, et au bout de six semaines à deux mois, il est livré en bon état de graisse à la boucherie.

Il est vendu alors de 50 à 60 et même 70 fr. suivant la saison et son poids. Mais comme nous l'avons dit, il n'y a guères que les veaux mâles qu'on engraisse ainsi.

Les vêles ou génisses qu'on veut élever, sont nourries plus longtemps, mais moins abondamment au lait. Au bout d'un à deux mois, on coupe d'eau tiède, et toujours graduellement le lait qu'on leur donne, elles sont tout-à-fait sevrées à cinq mois. En les sevrant, si la saison ou la localité ne permettent pas de faire paître les genisses; on leur fait des breuvages tièdes avec des feuilles de chou, des carottes, des navets, du son, du tourteau, afin de ne pas les faire passer trop brusquement de l'allaitement, au régime du fourrage et foin secs.

Le pansement à l'étable, la liberté dans une pâture, la régularité des repas, la propreté des vases qui contiennent leur nourriture, contribuent beaucoup à développer la taille et la force des genisses.

Les génisses ne devraient pas être saillies avant deux ans. C'est pourtant ce qu'on observe rarement dans notre pays. Aussi est-ce à la malheureuse habitude de faire saillir jeune, ainsi qu'au mauvais régime adopté dans nos campagnes pour la nourriture des vaches ; que les vétérinaires attribuent leur état d'infériorité et la pommelière dont elles sont souvent atteintes.

Depuis quelques années, le conseil général a sérieusement songé à régénérer la race des vaches du pays. A cet effet, il a introduit dans notre département de jeunes taureaux de la race suisse de Schwitz. Leur accouplement avec des vaches bien constituées, a donné de bons résultats, mais soit que les prodnits de ces taureaux, soient effectivement plus forts que ceux des taureaux du pays ; soit plutôt, parce qu'on leur a présenté des genisses trop jeunes, ou des vaches trop faibles, quelques accidents en d'autres cas peu remarqués, une légère augmentation dans le prix de la saillie peut-être, ont empêché une bonne partie des ménagers de leur présenter leurs vaches. Cependant, on remarque déjà une amélioration, et sans nul doute elle est due à la concurrence établie par les taureaux étrangers, qui a amené un meilleur choix dans les taureaux du pays. Peut-être ferait-on bien d'introduire aussi les races de Fribourg, de Liége, qu'on assure convenables à l'abondance du lait, avantage considérable chez nous, où les travaux agricoles se font par les chevaux. Quoiqu'il en soit, il y a amélioration, et c'est un grand point. Le temps, la comparaison, l'amour-propre vaincront doucement les préjugés ; et les comices agricoles par de sages encouragements feront le reste.

121. *Elève des Moutons.*

Pour élever avantageusement des bêtes à laine, il n'est pas nécessaire, comme pour les chevaux, les bœufs, les vaches, que l'éleveur soit placé dans une vallée. Il est reconnu au contraire, que les moutons nés et élevés dans les plaines, sont de meilleure nature, sont moins sujets à la cachexie ou pourriture, et occasionnent par conséquent moins de perte aux propriétaires de troupeaux.

Quant aux espèces préférables, les avis sont singulièrement partagés dans le pays. Cependant, on ne disconvient pas que le mouton picard est défectueux en ce sens, qu'il n'a pas à beaucoup près la taille des moutons du Nord, que sa toison est claire, jarreuse, et que sa laine n'est guères propre qu'à la matellasserie. Il y a donc nécessité d'améliorer l'espèce, soit dans sa taille, soit dans sa laine ; s'il est vrai surtout, que taille de mouton et finesse de laine s'excluent mutuellement. Nous pensons, nous, qu'un bon choix de nourriture donnée en tout temps avec intelligence, et en quantité suffisante, peut donner plus de taille au mouton ; et qu'un croisement maintenu avec persévérance, avec discernement peut améliorer la qualité de la laine.

En général on peut dire que les éleveurs se sont bien trouvés des croisements opérés chez les bonnes brebis du pays, par les béliers mérinos, et les béliers anglais de Leycester et d'Isley. Mais le choix à faire entre le bélier espagnol, ou anglais, dépend presque toujours de l'espèce de nourriture qu'offre la localité. On pourrait ajouter, que si la branche des moutons doit différer suivant la richesse du sol, suivant l'état plus ou moins avancé de l'agriculture; il n'en est pas tout-à-fait de même quant à la qualité de la laine : car on conçoit que deux moutons de même taille, peuvent être nourris de la même manière chez un cultivateur, et l'un donner une toison plus lourde, plus tassée, et d'une laine de qualité supérieure à l'autre. Il y a, dès-lors, profit à accorder la préférence à l'espèce du premier de ces deux moutons. C'est donc à l'éleveur, suivant le genre, l'abondance de ses nourritures, à choisir entre le croisement mérinos, ou le croisement anglais. Mais ici encore, il serait difficile, selon nous, de donner un conseil absolu ; puisqu'en définitive la taille du mouton tend toujours à se mettre en rapport avec la richesse ou la pauvreté du sol où il est placé ; de même que la qualité de la laine, son tassé, tendent toujours à se rapprocher du type originaire du pays ; il devient donc nécessaire, suivant les progrès de l'agriculture, et les changemens opérés dans le régime, de remonter par la pureté des béliers, les croisements qui tendraient à déchoir.

Quelque soit, du reste, l'espèce adoptée par le cultivateur, les brebis doivent être saillies en temps et âge convenables. C'est-à-dire de 18 mois à 2 ans, et vers le mois d'août. On doit les présenter à des béliers âgés de deux ans au moins, vigoureux et bien constitués. Il ne faut pas donner aux béliers un trop grand nombre de brebis à servir. 50 à 60 brebis par bélier suffisent.

Pendant la gestation, les brebis ont besoin d'être ménagées dans leur parcours. Elles ne doivent être fatiguées ni par de longues et rapides courses, ni par la taquinerie des chiens. On doit augmenter leur nourriture à l'époque de la mise-bas, et prendre le soin de les faire rentrer tout doucement dans leurs bergeries.

Au moment de la parturition, le berger doit veiller attentivement, afin de s'assurer si chaque agneau se présente bien : et si les membres n'étaient pas convenablement placés à la sortie, il aiderait en repoussant doucement l'agneau, jusqu'à ce que celui-ci présente la tête appuiée sur les deux pattes de devant.

L'agneau venu doit être placé près de sa mère, afin qu'il soit lèché par elle. Une couple d'heures après l'agnelage, le berger doit présenter le petit au pis de sa mère, pour l'engager à têter. S'il ne le prend pas, il lui fait tomber dans la bouche quelques gouttes de lait. Il est rare après ce premier soin, que l'agneau ne continue pas à têter. Il arrive parfois qu'une brebis donne deux agneaux, il lui serait difficile de suffire à leur allaitement. Mais comme d'un autre côté il y a des brebis qui perdent leurs agneaux ; en présentant de suite un des deux petits à la brebis qui a perdu le sien, on le lui fait presque toujours adopter. Il faut parfois un peu de patience, de persévérance ; mais en s'y résignant, la brebis n'est pas gênée par son lait, et la mère à qui il ne reste qu'un agneau, le nourrit bien.

Quinze jours, trois semaines après le part, les brebis peuvent être menées aux champs ; elles ne s'en portent que mieux. Les agneaux sont alors mis à part dans une bergerie, et en commun avec leurs mères quand elles rentrent des champs. On sèvre ordinairement les agneaux de trois à quatre mois. Pour les sevrer, on les prive peu-à-peu de leurs mères.

Pour avoir de bons agneaux, non seulement il faut nourrir abondamment les brebis, mais il faut encore donner aux agneaux une provende dès l'âge de deux à trois mois.

Cette provende se compose d'une ration d'avoine,

d'orge, de vesce mêlées de son. Elle doit augmenter avec l'âge des agneaux, et ne cesser qu'à huit mois environ.

122. *Elève des Porcs.*

La rareté des bêtes à corne, leur cherté, le modique salaire des ouvriers de la campagne, sont cause, qu'à peu d'exception près, leur nourriture se compose de légumes, de soupes, que vient trop rarement encore, animaliser la chair du porc.

Aussi cet animal est-il considéré comme un bienfait pour les pauvres gens, et s'estiment-ils heureux, quand ils peuvent le garder pour leur consommation, après l'avoir élevé et engraissé.

Le porc se nourrit de tout. Hormis la propreté, il demande peu d'attention pour engraisser. Mais il est souvent atteint de maladies qui presque toujours sont mortelles.

On élève plusieurs espèces de porcs. La plus estimée chez nous est celle venue de Normandie. Cependant on a introduit depuis quelques années d'Angleterre, le cochon indo-chinois plus court de corps, moins élevé sur les jambes, dont on n'apprécie pas sans doute encore tous les avantages, puisque nous ne le voyons pas se propager bien rapidement.

Ce cochon acquiert à la vérité moins de volume, que celui du pays. Mais toute nourriture égale, il y a bénéfice à l'engraisser. Il exige peu de soins, il engraisse en courant, il n'est pas plus sujet aux maladies que toute autre espèce. Il nous semble donc par toutes ces raisons, devoir être préféré, surtout par les ménagers.

En Artois, en Normandie, l'élève des porcs est une branche importante des revenus de la bassecour. Cependant, pour être profitable, il faut que la fermière entende bien son affaire. Il faut qu'elle fasse consommer par les truies, tout ce qui dans une ferme serait à-peu-près perdu, si elles n'étaient pas là pour le recueillir. La fécondité des truies est grande, elles donnent communément deux ventrées par an, et chaque ventrée se compose de 10 à 15 porcelets.

La truie porte environ quatre mois. On doit pendant sa gestation, la maintenir toujours sur une litière bien fraiche, lui donner pendant le jour la liberté dans la cour, et la garantir du froid en hyver dans sa porcherie.

Au moment du part, on la fait guetter attentivement pour l'empêcher d'écraser ou de dévorer ses petits, ce qui arrive assez fréquemment.

Souvent encore, la truie a moins de tettes que de petits. Il faut en ce cas, la débarrasser de ceux qui excèdent, parce que chaque porcelet adopte en naissant une tette qu'il n'abandonne plus, et par-là les derniers venus sont exposés à mourir de faim. Ceux qui excèdent sont nourris quelque temps au lait de vache, pour être vendus comme cochons de lait ; ou sont élévés comme les autres, pour en faire des coureurs.

Pendant l'allaitement, la mère doit être abondamment nourrie, et l'on doit commencer à faire barbotter les petits, quinze jours ou trois semaines après leur naissance. On les coupe à la mamelle, ils sont ensuite sevrés à l'age de deux mois, deux mois et demi. Ils sont alors entièrement séparés de la mère.

Après être sevrés, les petits courent aux champs pendant cinq à six mois. C'est alors qu'il convient de vendre ceux qu'on ne veut pas engraisser. Les coureurs sont peu nourris. On prétend même que trop de nourriture à l'étable nuirait à leur taille.

Le porc s'engraisse sous son toit avec du petit lait, de la farine de seigle, d'orge, de sarrasin, avec des féveroles, des pois cuits ou concassés, des pommes de terre, des panais, des betteraves, du tourteau, de la drêche, des glands. Il demande quelque exactitude dans ses repas, beaucoup de propreté dans son auge, une litière bien entretenue. Dans certaines localités, on donne aux porcs de la chair de cheval à manger, mais c'est par exception, et encore ce dernier mode d'engrais répugne-t-il assez au consommateur, pour jetter beaucoup de défaveur sur les porcs qu'on suppose avoir été ainsi nourris.

La plupart des cultivateurs de notre département ne font d'élèves que pour les besoins de la ferme. Il est probable pourtant qu'il y aurait avantage à élever pour vendre ; si partout les fermières entendaient l'élève des porcs, comme l'entendent celles de Normandie, et d'Artois.

Les meûniers spéculent souvent sur l'engrais des porcs, et ils réussissent presque toujours à faire des porcs de bonne qualité. Cela tient particulièrement au choix des nourritures qu'ils leur donnent, que des fermiers ne sauraient faire avec le même avantage.

Quelque soit l'espèce de cochons que le cultivateur adopte, il doit de préférence faire saillir ses truies par un vérat jeune, âgé d'un à trois ans au plus. Ni trop gras ni trop maigre. Un vérat bien nourri peut féconder deux truies par jour. Les vérats et les truies sont coupés après quelques années de service, pour être engraissés ; cependant leur chair n'est pas très estimée, leur couenne est épaisse, et ils prennent moins facilement l'engrais.

123. *Basse-Cour.*

VOLAILLE.

Rien n'est à dédaigner dans une ferme, puisque

c'est le parti qu'on sait tirer des plus petites choses, qui en fait la prospérité.

Dans le nord de la France, on a coutume de dire : les produits de la basse-cour doivent payer le fermage.

On conçoit alors combien on met d'importance à former d'habiles fermières. Une bonne fermière est en effet l'âme, la clé de voûte de toute exploitation agricole. Aussi est-il juste de dire, que les filles de fermiers du nord manquent rarement à leur vocation, malgré l'éducation, ou à cause de l'éducation qu'elles reçoivent.

La volaille donne de bons résultats en raison de la quantité des élèves : mais surtout, en raison du choix, et des soins qu'on y apporte. Elle doit en partie se nourrir des grains perdus dans les cours, dans le fumier, des vers, des insectes qu'elle y rencontre. Cependant, il faut nécessairement lui distribuer, et toujours à des heures accoutumées, les criblures de blé, de seigle, d'orge, la graine du sarrasin, de la pamelle, la pomme de terre cuite, les feuilles de salades, etc., avec la précaution d'en augmenter ou diminuer la quantité, suivant les ressources que procure la saison.

On comprend que les rentrées de la moisson pendant l'été, offrent des ressources que ne donne pas l'hiver où le transport de quelques meûles peut seul épandre ça et là quelques graines ramassées par la volaille. On doit, en conséquence, donner les criblures de blé, de seigle, d'avoine modérément pendant l'été, jeter souvent des feuilles de salade; mais réserver, pour les donner plus abondamment pendant l'hiver, la pomme de terre cuite, la pamelle, le sarrasin. Au printemps, cette dernière graine active la ponte, comme elle engraisse en tout temps la volaille.

On doit aussi faire une distribution régulière de vesce, de bisaille, de gesse aux pigeons, quand on se résigne à en avoir.

124. *Le Canard.*

Le canard demande peu de soin, peu de nourriture, mais il exige de l'eau. Un mâle suffit pour six ou huit femelles.

La femelle couve 12 à 14 œufs pendant trente jours. On fait quelquefois couver des œufs de canard par une poule, qui en prend beaucoup de soins. Cependant nous croyons qu'il est mal d'intervertir ainsi l'ordre de la nature, de tromper pour ainsi dire la maternité. Chaque espèce a ses allures, ses habitudes, et cette interversion cause toujours de l'inquiétude, des embarras à la mère, et souvent des dangers aux petits.

Le canard s'engraisse aisément avec de la pâtée d'orge, de pomme de terre, de pain trempé dans du petit-lait, ou dans de l'eau. L'engraissement suivi avec régularité dure ordinairement une vingtaine de jours.

La canne couve dans un nid de paille établi dans un endroit tranquille, pourvu qu'elle ait à boire et à manger à proximité.

125. *L'Oie.*

La grande oie blanche est préférée à cause des plumes et du duvet qu'elle fournit. Elle veut de la liberté, de l'herbe, un peu d'eau ; d'ailleurs, elle est peu difficile sur la nourriture et s'élève facilement.

Comme la canne, l'oie couve de 12 à 14 œufs pendant trente jours, dans un nid de paille qu'on lui établit dans un endroit retiré. Il faut avoir le soin de lui mettre à portée le boire et le manger. Un mâle suffit à six femelles. Toutes les femelles d'une basse-cour, d'accord avec le mâle, conduisent en commun leurs petits. Le mâle a pour ses femelles et ses petits une attention toute particulière et qui n'est même pas sans danger pour les jeunes enfans.

126. *La Poule.*

La poule est sans contredit la plus précieuse volaille de la basse-cour. En pleine fécondité, une poule donne 150 œufs environ par an. Elle demande à couver, et même plus souvent que la fermière ne le désirerait. Elle prend beaucoup de soins de ses petits quand elle est mère. Vieille, la poule est encore la meilleure pièce du pot-au-feu.

Aux premiers beaux jours du printemps, ou à d'autres époques ; quand la fermière voit une température douce et égale, elle en profite pour faire ses couvées. Elle prend alors chaque poule qui demande à couver, lui fait un nid de foin, dans un endroit sec et paisible, l'assied sur 12 ou 14 œufs bien frais, et pendant les 20 à 24 jours que dure l'incubation, elle maintient à proximité de chaque couveuse, le boire et le manger qui lui sont nécessaires, et dans un bon état de propreté.

Quand les poussins sont éclos, on leur donne pendant les premiers jours, une pâtée composée de mie de pain trempée dans du lait, et mêlée à des jaunes d'œufs durs hâchés. Puis, lorsqu'ils ont acquis un peu de vigueur, on les laisse courir avec la mère, prenant le soin toutefois de leur donner à manger séparément des autres volailles. Il est bon à cet effet d'assembler la poule et les poussins sous une müe d'osier à claire-voie, jusqu'à ce qu'ils se soient suffisamment repus. Un coq suffit à une douzaine de poules. On choisit pour faire un coq, parmi les poussins le mâle le plus fort, le plus vif, le plus hardi. Il sert deux à trois ans, après lesquels il est remplacé par un jeune. Les autres jeunes coqs sont vendus comme poulets à engraisser, ou bien on chaponne ceux qu'on veut garder.

La méthode de chaponner les jeunes coqs est bonne, parce que les chapons s'engraissent avec facilité quand on les met en cage ; et qu'en outre, ils s'entretiennent dans la cour assez bien pour pouvoir être servis à table, quand la fermière ne veut pas se donner la peine de les engraisser. On a beaucoup vanté la race russe, et surtout les poules. Mais on a cru remarquer qu'elles consomment dans la proportion de leur taille, et qu'elles ne sont pas dans nos climats aussi fécondes que les poules du pays. Un bon choix dans cette dernière espèce, des soins donnés par une bonne ménagère, voilà probablement ce qu'il y a de mieux à faire, et à observer.

127. *Le Dindon.*

La dinde est la volaille la plus délicate de la basse-cour. Mais c'est aussi la plus difficile à élever.

Elle réclame une attention, des soins continus, même minutieux.

Cet animal, originaire d'Amérique, est chez nous, sujet à bien des maladies.

La dinde commence ordinairement à pondre à l'âge d'un an. Il faut beaucoup de vigilance pour recueillir ses œufs ; elle les cache, les perd très-fréquemment. Quand elle demande à couver, on établit son nid dans un endroit chaud avec de la paille, On y place 18 à 20 œufs, on met à boire et à manger près d'elle, sa constance fait rarement manquer la couvée.

L'incubation dure de 24 à 25 jours. Lorsque les dindonneaux sont venus, on leur retire avec une épingle le petit bouton jaune qu'ils ont presque toujours sur le bec. On les garantit du froid. Ils sont nourris comme les poussins, si ce n'est qu'on mêle à leur pâtée de l'ortie blanche hâchée, ou de la salade cuite. On est souvent obligé de les contraindre à manger pendant les premiers jours, tant les dindonneaux sont stupides. On les garantit de la pluie pendant le premier mois, l'on donne un peu de vin à ceux qui languissent, on les tient auprès du feu ; on les expose au soleil pour les ranimer. Enfin, il ne les faut pas perdre de vue.

Le moment le plus dangereux pour les dindonneaux, est celui où ils poussent leur rouge. Il faut alors les tenir bien chaudement la nuit, les exposer le jour au soleil, leur bonner des nourritures, des boissons échauffantes dans lesquelles on fait entrer le vin, le cidre, l'absinthe. Il est bon d'attendre la fin d'avril, le commencement de mai, avant de mettre couver les dindes, afin que les chaleurs de juin et de juillet facilitent le développement des petits.

Un dindon mâle suffit à 8 ou 10 dindes. On doit le remplacer par un jeune, quand il commence à vieillir ; parce qu'il devient méchant en vieillissant.

Il faut dire maintenant que si les dindons sont difficiles à élever, en revanche ils s'engraissent aisément. Il suffirait pour cela de leur faire avaler graduellement depuis 20 jusqu'à 80 noix ou châteignes pendant une vingtaine de jours, en les tenant en cage.

En liberté, on les engraisse aussi en peu de temps ; il suffit de leur donner des pâtées de pommes de terre cuite, des glands, de la farine d'orge, ou de blé de Turquie.

128. *Pigeons.*

Ce volatille pullule avec une étonnante, on pourrait même dire avec une effrayante rapidité. Si parfois il semble profitable à la ferme, ce qui est déjà fort contestable ; aux champs, il devient une vraie calamité pour le cultivateur.

On ne se fait pas probablement une idée exacte du dégât que les pigeons causent aux semailles et aux récoltes. Aussi ne saurait-on, selon nous, être trop sévère sur les règlemens de police qui concernent les colombiers.

Du reste, le pigeon de colombier ne demande aucun soin. Quand il est libre, il trouve sa nourriture aux champs. Ce n'est donc que quand il est retenu, qu'il faut lui porter de la vesce, du sarrazin, des criblures de blé, d'orge, d'avoine, etc. On nettoie le colombier de la fiente des pigeons une couple de fois par an, et c'est un excellent engrais.

Nous n'avons rien dit des ânes et des mulets. l'élève de ces sortes d'animaux est presqu'inconnue dans nos contrées. Du reste, elle a beaucoup d'analogie avec l'élève du cheval, et nous pourrions y renvoyer. Nous ne parlons pas du paon, de la pintade, du faisan, parce que ces sortes d'oiseaux se trouvent rarement dans les exploitations de moyenne étendue, pour lesquelles nous écrivons. Nous dirons un mot des abeilles.

129. *Abeilles.*

Dans le département de la Somme, l'éducation des abeilles est plutôt une affaire de goût, qu'une branche spéciale d'industrie agricole ; aussi, en parlerons-nous en abrégé.

Quoiqu'il y ait plusieurs espèces d'abeille ; la petite hollandaise, comme plus active, plus facile à apprivoiser, est généralement préférée. On sait que chaque essaim contient une reine. Cette reine une fois fécondée est chargée d'entretenir la population d'une ruche. Elle le fait en déposant ses œufs dans les alvéoles des rayons ou gâteaux de miel de la ruche. Trois jours après l'incubation, un petit ver mou et ridé sort de chaque œuf, et prend le nom de larve.

En cinq ou six jours, cette larve a pris son entier développement, grâces aux soins des abeilles chargées de la nourrir. Enfin, après avoir passé par l'état de nymphe, cette larve donne vingt jours après la ponte de l'œuf qui l'a produite, une abeille parfaite . et chaque abeille est à l'instant chargée d'un travail spécial, qu'elle continue au profit de la communauté.

Les abeilles à l'état domestique sont placées sous des ruches.

Une ruche simple se fait avec des rouleaux ou boudins de paille de seigle, assemblés en spirale ; ou en osier tressé. Elle a assez exactement la forme d'un œuf tronqué aux deux tiers, qui serait placé sur la coupe. chaque ruche a une petite entrée dans le bas, pour le service des abeilles. On donne à la ruche, suivant la localité, d'un pied et demi à deux pieds cube de capacité. Chaque ruche est placée sur un plateau ou banc, et le sommet est recouvert d'un toit de paille.

Les ruches doivent être rangées dans un endroit tranquille , loin de la basse-cour, tournées au midi ou au levant, et autant que possible, dans un jardin ou verger.

Pour commencer une éducation d'abeilles, on achète un essaim dans le voisinage, on l'achète de préférence du premier essaimage.

Pour enlever l'essaim acheté, on soulève doucement la ruche, on passe dessous une toile claire ; on la relève pour la lier tout autour de la ruche ; on emporte ainsi l'essaim pendant la nuit. A l'arrivée, on met la ruche en place, et l'on retire la toile qui est à l'instant remplacée par une assiette de miel commun.

Le printemps est l'époque la plus convenable pour commencer une éducation. Lorsque l'éducation a déjà quelques années, aux premiers beaux jours, on visite les ruches, on en nettoie les moisissures, on détruit les teignes et leurs œufs. On place auprès des ruches un peu d'eau miellée fermentée, un peu de vin sucré pour préserver les abeilles de la diarrhée. On fait la chasse aux guêpes, aux frelons. On s'assure de temps en temps, par une simple inspection, que les abeilles travaillent activement. Si on s'apperçoit que les abeilles font peu de bruit dans une ruche, on la soulève pour voir s'il n'y a pas des teignes ou de leurs fils entrecroisés dans les rayons. S'il y a beaucoup de dégât, on change l'essaim de ruche ; on nettoie ensuite la ruche infectée, après en avoir enlevé les rayons pour en extraire le miel. En changeant les abeilles de ruche, il faut leur rendre le couvain. Pour cela, on le suspend dans la nouvelle ruche à l'aide de fourchettes de bois. Quand la pluie se prolonge audelà d'une douzaine de jours, quand de mauvais vents enlèvent le nectar des fleurs, on s'assure s'il reste du miel dans les ruches. S'il en manquait, il faudrait y mettre du miel ou des sirops. Ce n'est du reste qu'une avance faite aux abeilles, car cellesci la rendent bien vîte, quand le beau temps est revenu.

Dans la belle saison, la multiplication des abeilles est fort rapide. Le bruissement de la ruche va toujours croissant. Enfin, quelques mâles, ou faux bourdons sortent, et ce signe indique qu'un essaim se dispose à partir.

On épie sa sortie, on le laisse sortir paisiblement, on le guette jusqu'à ce qu'il se fixe. Si l'essaim se fixe par terre, on le couvre d'une ruche bien nette, et frottée d'avance de plantes aromatiques. S'il se fixe sur une forte branche, ou sur le corps d'un arbre ; on présente la ruche vide sous la branche, ou contre l'arbre, et l'on fait ensuite tomber l'essaim dans la ruche avec uu plumasseau, ou une branche d'arbre bien souple :

Si au contraire, l'essaim prend une mauvaise direction, et tend à s'éloigner ; alors, on fait beaucoup de bruit en frappant sur des casseroles, poëlons, chaudrons, on jette en l'air de l'eau, de la poussière jusqu'à ce que l'essaim soit arrêté.

On force quelques fois l'essaimage, c'est-à-dire qu'on oblige l'essaim à sortir, lorsque l'on craint que la reine mère ne tue les jeunes reines.

Pour forcer l'assaimage, on renverse la ruche pleine, et ensuite on présente à l'encontre une ruche vide, prenant le soin de bien fermer la jonction des deux ruches avec de la toile, pour ne pas donner passage aux abeilles.

On frappe ensuite avec des baguettes, la ruche renversée ; en commençant par le sommet, et remontant lentement les coups jusqu'à ce qu'on soit arrivé à la ruche vide. On recommence à frapper ainsi jusqu'à ce qu'un fort bruit se fasse entendre dans la nouvelle ruche. Après s'être assuré qu'il y est entré assez d'abeilles pour former un essaim, on met dans un vase un bon kilo de miel, on enlève la ruche, on en bouche l'entrée pendant une petite demi-heure, après laquelle on redonne du miel.

La reine mère est-elle montée dans la ruche vide, on r'ouvre l'entrée, et les abeilles restent. S'il en est autrement, les abeilles s'enfuient, à moins qu'on n'ait une jeune reine à leur donner. En ce cas, on introduit cette jeune reine, on rebouche l'entrée de la ruche pendant un quart d'heure, puis on rend la liberté aux abeilles qui ne s'enfuient plus.

Dans l'un ou l'autre cas, l'opération réussit d'ordinaire. S'il n'en était rien, on recommencerait. La ruche mère est ensuite remise en place. Si la reine mère y est restée, les travaux recommencent comme auparavant. Si au contraire, elle est montée avec le nouvel essaim, quelques abeilles sortent, divaguent jusqu'à ce que celles restées dans la ruche aient reconnu des nymphes de reine, ou de jeunes œufs. Alors le rappel est battu, et l'ordre rétabli dans la ruche.

En été, les soins consistent à visiter les ruches. Si l'on remarque peu d'activité dans l'une d'elles, c'est probablement que les provisions y sont complètes. Alors il faut leur enlever quelques rayons de miel, pour obliger les abeilles à les remplacer. Il arrive parfois aussi que l'activité diminue à cause des teignes. Cela se reconnait aux excréments qui couvent le plateau sur lequel les ruches sont assises. On s'empresse en ce cas, de détruire ces teignes, car c'est un véritable fléau pour les abeilles.

Dès que les abeilles n'ont plus de feuilles, de fleurs, de fruits à butiner, on pèse chaque ruche. On ne prend rien à celles qui n'ont que 10 à 12 kilogrammes de miel en sus du poids de la ruche. On enlève aux autres l'excédant, et aux abeilles dont la ruche n'a que 6 à 7 kilogrammes de miel, on donne des sirops de fruit, du miel commun mêlé de vin, ou de cidre qu'on place dans leur ruche.

L'hiver venu, les ruches sont transportées dans un lieu obscur. On tourne leur entrée au nord-est, on surveille les rats et les souris, et elles restent là jusqu'aux premiers beaux jours de l'année suivante.

La principale récolte des ruches se fait après l'essaimage, sans pouvoir assigner précisément l'époque où il a lieu. Cette époque est subordonnée aux ressources de la localité, à sa température, aux printemps, aux étés plus ou moins secs, aux accidents survenus aux ruches, aux soins, à la vigilance de l'éducateur.

Assez souvent, on sacrifie une ruche simple de paille pour la récolter. Après avoir fait bruire l'essaim et attiré la reine dans le bas ; on donne quelques coups de baguettes, puis on coupe le sommet de la ruche au point ou l'on suppose le couvain. On pose ce couvain dans une nouvelle ruche, puis on met cette nouvelle ruche sur la vieille pour y faire monter l'essaim.

Quand on veut conserver la ruche, on la renverse, on présente une ruche vide à son ouverture. On frappe la ruche renversée jusqu'à ce que l'essaim soit monté ; on enlève ensuite les rayons à l'aide de couteaux disposés à cet effet.

Pour toutes les opérations qui tourmentent les abeilles, on doit se vêtir d'un pantalon à guêtres ou à pieds. D'un gilet fermé jusqu'au haut. Un camail lié soigneusement autour du col, doit recouvrir la tête, un masque en fil de laiton placé devant les yeux, des gants épais complètent le vêtement de l'éducateur pour le préserver des piqûres.

Outre les ruches simples dont nous avons parlé, on se sert encore de ruches perfectionnées et à compartimens de Pulteau, de Bosc, de Nutt. Mais elles sont peu en usage dans la moyenne culture, et par ce motif, nous renvoyons à ces divers auteurs, les cultivateurs qui les voudraient connaître ; cet article nous paraissant déjà bien long.

La séparation du miel et de la cire, le blanchîment de cette dernière substance, se font dans des ateliers disposés à cet effet. C'est une branche spéciale d'industrie, dont il nous paraît inutile de parler dans un abrégé pratique d'agriculture.

130. *Laitage.*

Le lait est le plus précieux produit de l'intérieur d'une ferme, aussi y a-t-il quatre manières différentes d'en tirer parti.

1.° En le vendant comme lait ;
2.° En le convertissant en beurre ;
3.° En le formant en fromage ;
4.° En élevant ou en engraissant des veaux.

Le cultivateur, suivant son éloignement ou sa proximité d'une ville, d'un grand centre de population, doit choisir entre ces quatre moyens d'utiliser son lait. Lui seul peut savoir lequel est le plus profitable. Il n'est guères possible de lui donner un conseil à cet égard. Son choix dépendra de la position de sa ferme, et des habitudes contractées dans sa localité.

Les laiteries dans le département de la Somme, sont généralement mal disposées. Elles sont tenues pour la plupart, dans des caves ou placuls trop peu aérés.

A la manière dont l'odorat est frappé en les visitant, on conçoit que les produits en lait, crême, beurre doivent se ressentir de leur séjour dans ces endroits.

Une laiterie devrait toujours être placée au nord, dans une pièce saine et bien aérée. Tout doit y être tenu dans le meilleur état de propreté.

Les terrines en grès ou en terre, dans lesquelles on coule le lait doivent être bien échaudées et rincées à chaque fois qu'on s'en sert.

Les ustensiles en bois, en cuivre, en fer, récurés avec le plus grand soin, aussitôt qu'on a fini de s'en servir. Les tables, tablettes, bancs, pavés de la laiterie doivent être fréquemment lavés ; et à l'exception de la fermière, ou de la fille de ferme expressément chargée de ce service, personne ne doit entrer dans la laiterie. Sur le pavé fraichement lavé, on voit parfois en Flandre de la paille de blé étendue. Cette paille souvent renouvellée nous a paru entretenir de la fraîcheur pendant l'été, fraîcheur que nous n'avons pas remarquée ailleurs où cet usage n'existe pas.

Le lait pour être vendu en nature est coulé, et mêlé dans un réservoir commun.

Pour être formé en fromage, le lait se travaille dans une pièce spécialement destinée à cet usage, qu'on nomme la fromagerie.

Là se trouvent les divers instruments d'une laiterie ; plus, une chaudière, des tables, des moules, une presse, et plusieurs menus ustensiles tels que couteaux en bois, brassoir, etc. etc.

On fait une multitude de fromages de différente espèce, le plus connu est le fromage de Gruyère fort bien imité aujourd'hui dans certaines parties de la France. Les fromages de Hollande sec ou gras, de maroilles, de Brie, de Neufchatel sont les plus généralement estimés.

Ces différens fromages ont plus ou moins de qualités, suivant la bonté du lait qui a servi à les confectionner, suivant la saison où ils sont confectionnés, suivant la quantité de crême qu'on a extraite du lait.

C'est à l'aide de la présure que le lait est converti en fromage.

Quand à la forme, à la couleur, au goût, à la compacité plus ou moins grande de la pâte, tout cela tient aux diverses préparations qu'on lui fait subir.

On pourrait dans beaucoup d'endroits fabriquer

le fromage, et imiter plus ou moins parfaitement ceux renommés, en suivant les mêmes procédés. Il est probable qu'il y aurait souvent bénéfice à le faire, mais ce moyen d'utiliser le lait est peu pratiqué en Picardie.

Pour fabriquer d'ailleurs avec avantage le fromage, il faudrait organiser des fruitières ou fabrication en commun ; comme cela se pratique dans la plupart des contrées où ce genre d'industrie prospère. Or, pour monter une fromagerie, nos exploitations de 30 hectares prises isolément n'ont pas assez d'importance ; et pour former des associations chez nos cultivateurs, il y a tant de routine à vaincre, tant de préjugés à combattre, qu'il n'y faut pas songer maintenant. Il faut laisser faire au temps, ainsi qu'aux sociétés d'agriculture pour préparer le terrain.

Nous entrerons un peu plus avant dans les détails sur la fabrication du beurre ; parce que cette substance est d'un usage beaucoup plus général chez nous, et que la manière de le faire, laisse encore selon nous, beaucoup à désirer.

Après que le lait a été coulé dans les vases, on enlève chaque jour la crême montée au-dessus du lait. Puis quand une certaine quantité de crême a été recueillie, on la met dans une baratte ordinaire, dont on fait mouvoir le piston ou bat-beurre, jusqu'à ce que le beurre soit formé.

Par ce procédé, on est souvent exposé à battre de la crême trop vieille, surtout au moment où les vaches donnent peu de lait. Nous signalons donc à l'attention des cultivatrices, et nous leur recommandons le battage au lait, ainsi que l'instrument dont on se sert à cet effet.

Les Flamands, les Belges font un grand commerce de beurre, ils en exportent fort loin, et ils le conservent un an. C'est pour eux une branche importante de revenus, aussi y portent-ils tous leurs soins.

En Flandre, en Belgique, le lait de deux jours est recueilli dans un grand vase en cuivre étamé, ou en bois bien tenu. On ne l'écrême pas.

Ce lait est ensuite versé dans une baratte fixe, connue sous le nom de baratte de Brabant, dont nous allons essaier de donner une idée.

Cette baratte a la forme d'un cuvier renversé; C'est-à-dire dont le fonds est plus large que le haut. Une double manivelle, ou traverse en bois sort d'environ 33 à 40 centimètres (12 à 15 pouces) au-dessus du couvercle. (Cela dépend de la hauteur des parois de la baratte, et de la taille de la personne chargée de mouvoir la manivelle.)

Cette traverse est fixée à un axe garni de deux, trois ou quatre palettes placées perpendiculairement dans la baratte, et percées de trous. Ces palettes ont environ la moitié de la hauteur de la baratte, et sont d'inégale hauteur.

Un mouvement continuel de va-et-vient imprimé à la traverse ou manivelle, agite le lait qui passe à travers les trous des palettes, de cette manière le beurre se fait assez vite. Il est ensuite retiré avec facilité par une grande ouverture faite au couvercle. On conçoit que le dessus de la baratte est fermé par un couvercle fixe, auquel on pratique l'ouverture dont nous venons de parler. Cette ouverture pendant le battage est elle-même fermée par une porte en bois, assujettie par des petits bâtons passés dans des pitons. Le beurre est enlevé, lavé avec soin, et à diverses reprises, pétri et salé ordinairement avant d'être mis en motte ou en pot. Quand le temps est froid, après avoir versé le lait dans la baratte, et quelques instans avant de commencer à battre; on introduit dans la baratte une bouteille de verre ou deux, pleines d'eau chaude, afin d'activer la formation du beurre. Le lait battu ou lait de beurre, sert en Flandre à faire la soupe aux domestiques, et l'excédant qui est très considérable est donné aux porcs. On ne saurait nier que le pâturage, la manière de nourrir les vaches entrent pour beaucoup dans la qualité du beurre ; cependant, on conçoit que la crême mêlée au lait, n'ayant que deux jours avant d'être battue, n'a pu contracter en aussi peu de temps, ce mauvais goût qui se communique toujours au beurre, quand la crême est vieille. Cette méthode exige peut-être un peu plus de soins, de travail que l'autre ; mais ces peines et ces soins doivent être paiés par une plus grande quantité de beurre produite, et aussi par une qualité supérieure, une finesse de goût qui lui sont particulières.

Inutile de dire ici, qu'il faut la plus grande propreté dans les ustensiles de bois dont on se sert, par la raison que le lait, dans les cuviers qui le recueillent et les barattes dont on se sert s'aigrit aisément.

Pour bien faire, on a deux cuviers qui contiennent chacun le lait de deux jours. Ils sont alternativement versés dans la baratte, et aussitôt que l'un est vide, il est recuré, rincé et séché avec un grand soin. Il en est de même de la baratte, quand on a fini de battre le beurre.

Pour faire des veaux gras, ou des élèves ; nous renvoions plus haut où est indiquée la manière d'élever et d'engraisser.

6.me SECTION.

131. *Sur les Habitations.*

Les étrangers ne traversent pas notre département sans remarquer le triste aspect de nos villages, les murs en torchis, et les couvertures en chaume des habitations.

Les nouvelles constructions semblent indiquer, il est vrai, plus de goût et d'aisance. Elles sont généralement plus solides, mieux entendues. Toutes sont couvertes en ardoises, en tuiles, en pannes, mais il faudra bien du temps encore avant de voir à notre ancienne Picardie, cet aspect heureux des villages du Nord et même du Pas-de-Calais.

Quoiqu'il en soit, la disposition des bâtimens d'une petite ferme picarde, nous a toujours paru assez rationnelle. C'est ordinairement un grand carré qui sert de cour, avec la grange sur la rue, ouverte par une grande-porte à côté de laquelle est une petite porte d'entrée. L'habitation est placée au fond entre cour et jardin, et sur un plan un peu élevé. A droite, à gauche sont les écuries, étables, bergeries ou porcheries. Une mare se trouve dans un des coins de la cour, et parfois un pigeonnier. A cette disposition que nous approuvons, nous voudrions toujours voir sur le même plan que l'habitation et à côté de la chambre à coucher du cultivateur, l'écurie des chevaux. Ainsi placée, le maître, sans dérangement, exercerait sa surveillance chaque matin sur le pansement et les repas. Une trappe, un chassis communiquant de la chambre à coucher à l'écurie suffirait pour cela. Du côté opposé à l'habitation, et attenant au fournil, il conviendrait aussi d'établir une étable, ne fut-ce que pour deux vaches. Un chassis ou une trappe mettrait en communication le fournil et cette petite étable. Celle-ci serait expressément destinée aux vaches malades, ou en parturition. Alors la fille de la maison chargée du soin des bestiaux, et couchée dans le fournil, serait sans cesse à portée d'entendre les plaintes des vaches, et de leur porter secours. La grande étable à vache serait en retour d'équerre, et contigüe à la petite dont nous parlons, et la porcherie placée à la suite sur le même côté.

Du côté opposé, en retour d'équerre de l'écurie dont nous avons parlé, seraient les bergeries. Puis à la suite un pigeonnier élevé (si tant est qu'on en veuille) sur une charreterie dans laquelle se rangeraient tous les instrumens aratoires. A proximité de chaque étable ou écurie, seraient placés les trous à fumier dont il a été parlé. Puis enfin, la mare située de manière à n'être pas salie et gâtée par l'écoulement du purin, et en même temps, à ne pas gêner la circulation des voitures dans la cour.

Nous croyons indispensable d'avoir contre la ferme, et indépendamment du jardin, un verger planté de pommiers et d'une étendue en rapport avec l'exploitation. Ce verger est de la plus grande utilité pour donner aux élèves la liberté dont ils ont si souvent besoin, pour fournir aux bestiaux malades un peu de pâturage, et à la ferme enfin, le cidre nécessaire à sa consommation.

Nous répétons encore qu'il est fort important de paver les écuries et les étables, de les aérer convenablement, de garnir les bergeries de crèches solides et droites sur le devant, d'y pratiquer des claires voies pour l'aérage pendant l'été. Nous avons entendu blâmer avec raison, selon nous, l'usage des chenaillères établies au dessus des écuries, étables et bergeries. La poussière, les brins de paille, de fourrages qui tombent, gâtent la laine des moutons, entretiennent la gâle; et s'il n'en est pas de même pour les chevaux, les bœufs, les vaches, il est certain que la crasse, la malpropreté qui en résultent nuit beaucoup à leur santé. On sait encore que les foins et fourrages placés sur des chenaillères s'altèrent par les exhalaisons émanées de la sueur, des déjections des bestiaux, et qu'il contractent par là un mauvais goût, une mauvaise odeur qui leur répugnent.

Il vaut donc mieux voûter ou du moins établir un plancher sur les écuries, étables et bergeries. La dépense d'établissement est à la vérité plus forte, mais elle est bientôt regagnée par la qualité des toisons, par la salubrité des nourritures, et par la santé du bétail.

Avant de terminer cet article, qu'il nous soit permis de faire quelques observations aux cultivateurs qui font construire.

Aujourd'hui que le bois dur est rare et cher, tandis que les briqueteries et panneteries se propagent; aujourd'hui que l'usage de cuire la brique à la houille en a fait descendre considérablement le prix, il devient probable qu'avant peu, en ce moment peut-être dans beaucoup de localités, la différence de prix des constructions en bois et torchis, d'avec celles en dur et notamment en briques, est très-minime. N'y aurait-il donc pas, à cause de l'économie d'entretien, avantage pour le cultivateur à adopter ce dernier mode de construction? On ne peut disconvenir que les bâtimens en torchis coûtent beaucoup d'entretien, sont d'un aspect triste, souvent misérable. Sans compter les avaries, les dommages, les pertes qu'ils occasionnent aux productions, aux meubles qu'ils recèlent. Sans compter que les assurances en sont bien plus élevées, les incendies bien plus à craindre. Tout cela mérite, de la part du cultivateur qui bâtit, une sérieuse attention, et nous sommes persuadé que dans son véritable intérêt, il devrait adopter de préférence les constructions faites en pierre, en maçonnerie, et la couverture en ardoises ou en pannes.

132. *Lieux d'Aisance économiques.*

Nous sommes arrivé naturellement ici, à parler des lieux d'aisance économiques, puisqu'ils devraient faire partie des constructions de l'habitation.

On établit une latrine à peu de frais par les moyens suivans.

On creuse un trou en terre contre un des murs de l'habitation ; on descend dans ce trou une grosse tonne jusqu'au niveau du sol.

On construit ensuite en briques, en pierre ou en bois un siége avec un trou au milieu. Ce siége est placé sur le derriére de la tonne, et de manière à ce que l'ouverture de la tonne enterrée soit recouverte d'un tiers seulement sur le derrière. Un petit plancher mobile posé sur l'ouverture du devant de la tonne, permet de la vider à volonté. Ce lieu est garanti par un petit appentis couvert en zinc plat, en bois ou en ardoises. La dépense totale ne saurait guères s'élever à plus de 30 ou 40 francs.

Par ce moyen, les eaux de lessive, les eaux grasses dont on n'a pas l'emploi, sont recueillies, et cet engrais à l'état liquide, fût-il même étendu d'eau, épandu sur un blé languissant, sur une prairie naturelle ou artificielle souffrante, produit un très-puissant effet. En ce dernier cas, il remplace avec avantage toute espèce de cendre ou de plâtre. Sans donner à ces matières une valeur exagérée ; une couple d'années suffiraient pour faire rentrer dans la dépense d'établissement de ces lieux d'aisance.

La propreté, la salubrité, la décence, l'intérêt particulier bien entendu, devraient conseiller à chaque habitant des campagnes, de construire des lieux comme nous venons de l'indiquer ; car ceux qui n'emploieraient pas cet engrais, trouveraient bientôt, comme en Flandre, à le vendre aux cultivateurs qui l'apprécieraient et le paieraient bon prix.

Depuis long-temps déjà les Flamands recueillent soigneusement l'engrais humain, ils y ajoutent maintenant du purin, des tourteaux de graine grasse, et c'est à cet usage, répété depuis des siècles, qu'ils doivent sans doute en grande partie l'état de fertilité auquel leurs champs sont aujourd'hui parvenus, et cela se conçoit quand on apprend que d'habiles chimistes ont trouvé que la matière qui constitue la poudrette tirée des fosses, a perdu les neuf dixièmes de ses propriétés fertilisantes avant d'arriver à cet état.

133. *Semis en Ligne.*

Il y avait déjà du temps qu'on se servait de semoirs en ligne, lorsque la culture de la betterave les fit plus particulièrement connaître.

Les semoirs mécaniques dont les fabricans de sucre se servirent, notamment celui de M. Crespel, donnèrent probablement naissance au semoir Hugues, le meilleur de ceux que nous connaissons.

Dans le cours de ce manuel pratique, nous n'avons point parlé des semis en ligne, parce que d'habiles cultivateurs ne sont pas encore d'accord sur le jugement à porter sur ce mode d'ensemencement.

Après avoir indiqué les inconvéniens reprochés, les avantages reconnus au semoir Hugues, nous en dirons librement notre pensée.

On reproche au semoir en ligne d'exiger pour la préparation de la terre à blé des façons qui la divisent trop, et qui ne permettent pas conséquemment d'y laisser assez de mottes pour abriter la plante pendant l'hiver. On lui reproche de fonctionner difficilement dans les terrains en pente, et de marcher avec peine dans les terres récemment fumées ; de semer irrégulièrement le blé préparé contre la carie, parfois de ne pas le semer dutout ; de nécessiter beaucoup de force de la part de l'homme qui conduit le semoir, pour le retourner.

D'un autre côté, on reconnaît qu'il y a économie de semence à l'employer. Que cette économie peut s'évaluer en moyenne à un quart de la semence, ce qui est considérable. On convient encore qu'un champ bien semé et bien sarclé donne une récolte supérieure ; mais on ajoute qu'il est indispensable de sarcler. De consciencieux cultivateurs qui, depuis plusieurs années, emploient le semoir Hugues, sont convenus que pour ne pas sarcler le blé semé en ligne, mieux vaut le semer à la volée. Voici les raisons qu'ils donnent à l'appui de cette opinion. L'écartement des lignes permettant à l'air de circuler avec pleine liberté, les herbes parasites s'y développent avec plus de force, plus de rapidité. Partant, elles épuisent la terre à leur profit, viennent enchevêtrer de leurs fortes racines, celles du blé, et leur nuisent singulièrement.

Le semis à la volée, au contraire, ne laissant pas circuler l'air avec autant de facilité, les herbes parasites s'étiolent et sont plus facilement surmontées par la végétation du blé. Notre conclusion de tout ceci est que, dans les contrées où les ouvriers sont familiarisés avec les sarclages, où le prix de cette main-d'œuvre n'est pas trop élevé ; où les exploitations sont de moyenne étendue, on doit se trouver bien du semis en ligne. Qu'ailleurs, jusqu'à ce que les sarclages y aient été introduits du moins, il est peut-être sage de continuer le semis à la volée.

Cela veut-il dire que nous réprouvions le semis en ligne ? Pas le moins du monde ; puisque nous le fesons. Cela veut dire, au contraire, que nous voudrions voir tous les agriculteurs de France assez familiarisés avec les sarclages, pour ne devoir plus rien semer à la volée.

Mais il faut laisser faire au temps; c'est le meilleur avocat des bonnes causes, et l'avenir est au semoir en ligne.

Nous devons dire d'ailleurs, que les améliorations apportées au dernier modèle du semoir Hugues, notamment celle d'avoir placé les rayonneurs sur deux plans, facilite beaucoup le travail. Ensuite, les plus fortes objections n'ont de rapport qu'au blé, au seigle, au scourgeon. Quant aux graines de mars, dont les plantes, excepté les céréales, sont toutes sarclées forcément, et, en raison aussi de leur prompt développement, les objections ne sauraient être toutes fondées. Pour les céréales de mars même, par la raison qu'elles demandent une terre meûble, divisée, rarement fumée, beaucoup d'objections faites pour le blé de saison, n'y sont pas applicables. Nous savons qu'un sarcloir accompagne souvent le semoir Hugues. Mais nous nous sommes assuré que pour s'en servir avec avantage, il fallait un grand écartement entre les lignes, et une adresse chez le conducteur qu'on rencontre trop rarement encore chez nos ouvriers de campagne. Le sarclage à la main, quoique plus coûteux en apparence, est encore ce qu'il y a de mieux. L'embarras est de trouver des ouvriers qui connaissent ce travail. Laissons faire au temps. On parle partout de la suppression des jachères, mais on ne peut les supprimer sans introduire les sarclages; alors le semoir en ligne devient un bienfait qui ne peut plus être méconnu.

134. *Sur les Assolemens adoptés dans ce Manuel.*

Nous croyons convenable d'expliquer ici pourquoi nos tableaux d'assolement ont été dressés pour une rotation de seize ans, tandis que la plupart des baux en usage dans notre département, n'ont qu'une durée de neuf ans et même moins ; surtout lorsqu'on remarque que l'assolement par nous adopté, ne s'éloigne qu'en partie de l'assolement triennal.

Nous disons d'abord, qu'un court bail est un mal, ainsi que nous l'avons dit ailleurs; parce qu'il est contraire à l'intérêt général, à l'intérêt du fermier, à l'intérêt bien entendu du propriétaire lui-même.

Il est contraire à l'intérêt général, en ce qu'il empêche la production de la terre de s'élever comme elle le devrait, avec les connaissances et l'instruction générales.

Il est contraire à l'intérêt du propriétaire, en ce que celui-ci serait en droit de demander un plus fort fermage pour un bail de 18 ou 20 ans que pour un de neuf; et que sa propriété remise à l'expiration d'un long bail, aurait acquis une valeur de fond supérieure à celle actuelle, en raison des avances en fumier, en engrais que n'hésiterait plus à faire le fermier.

Il est contraire enfin à l'intérêt du fermier, parce qu'un court bail de neuf ans l'empêche de faire à la terre les avances dont elle aurait besoin. Il est arrêté sans cesse par la crainte de voir son successeur profiter presqu'exclusivement du fruit de ses avances, ou bien par celle de voir le propriétaire devenir exigeant, en raison du bien qu'il aura fait à sa propriété en aussi peu de temps.

Par tous ces motifs, convaincu qu'un court bail nuit à tout le monde, nous avons dû penser (autant qu'il dépendait de nous) à réformer les courts baux. Voila la principale raison qui nous a fait établir un assolement de plus de neuf ans, mais ce n'est pas la seule.

Pourquoi en adoptant le principe de l'assolement alterne, l'avons-nous combiné de manière à ce qu'il ressemble autant à l'assolement triennal ? Voici nos raisons. Si l'introduction de nouveaux usages demande partout certains ménagemens, c'est surtout quand les innovations veulent s'introduire dans nos campagnes, quand elles y viennent renverser une routine, changer des habitudes suivies de temps immémorial, et sans beaucoup d'examen.

Qu'on offre par exemple, à la plupart de nos cultivateurs, à tous nos ménagers, d'adopter sans transition l'assolement quadriennal (celui que nous considérons comme le meilleur) à l'instant, ils seront effrayés de la réduction des terres consacrées au blé ; parce que jusqu'ici, le blé de saison seul leur a procuré un peu d'argent. Cette réduction est cependant une conséquence de l'assolement quadriennal. Or, pour arriver à leur faire comprendre qu'ils feront plus d'argent en remplaçant une faible partie de ce blé par la culture de l'œillette, du colza, du lin, des céréales de mars, par l'engrais des bestiaux, il faut du temps, et surtout des exemples.

Changer ses habitudes, innover, c'est pour l'agriculteur quitter le certain pour l'incertain, le connu pour l'inconnu ; et puis, sait-on assez qu'un pauvre fermier qui échoue dans une innovation éprouve une perte dont il se ressentira pendant toute la durée d'un court bail ?

Sait-on bien ce qu'il lui faut de courage, de résolution pour tenter une innovation ? ce sont des voisins prêts à le persiffler, c'est sa famille qui manifeste des craintes, c'est son propriétaire prêt à le blamer si par suite d'insuccès il lui fait attendre le montant de son fermage. Ce sont des ouvriers peu éclairés, qui ne comprennent rien à ce qu'on leur demande, si ce n'est que cela va déranger leurs habitudes, et leur occasionner peut-être un peu plus de peine. Ceux qui sont portés si souvent à condamner ce qu'ils appellent l'esprit de routine chez nos cultivateurs, ne se sont pas rendus compte assez exactement de la force d'inertie qui les entoure, quand ils veulent innover : si on n'a pas compris combien il fallait de force de caractère pour vaincre les préjugés des ouvriers dont ils sont forcés de se servir, il ne nous semble donc pas toujours juste de blamer leur hésitation. A toutes ces considérations nous en joignons une autre qui est d'une grande importance pratique à nos yeux.

Partout où l'assolement triennnal avec jachère est en usage, les trois soles à blé, à mars, à jachère sont distinctes. Un cultivateur qui seul intervertirait l'ordre de ces soles, ou gênerait ses voisins dans leurs travaux, ou en serait gêné pour entrer dans ses champs. Il leur ferait du dommage, ou il en éprouverait; ce serait pour lui un conflit perpétuel, une cause incessante de petits procès. Il importe donc de ne pas trop s'écarter d'abord des usages reçus; si l'on veut en faire adopter de meilleurs et enfin de bons. On conçoit que bien des agriculteurs peuvent être arrêtés dans leurs désirs d'améliorer, d'innover, par la crainte des dommages ou des procès qu'ils auraient à payer, à soutenir en passant chez leurs voisins qui ne veulent pas marcher comme eux.

Nous nous résumons ici, en disant. Si nous avons adopté l'assolement alterne combiné avec le triennal, de préférence au quadriennal; ce n'est pas que nous croions celui-là meilleur, tant s'en faut. C'est parce que nous lui croions plus de chance pour être adopté, parce qu'enfin il peut et doit servir d'introduction à un assolement plus parfait.

Par les raisons expliquées ci-dessus, nous avons adopté aussi une rotation de 16 ans au lieu de 15, espérant qu'au bout des quinze premières années, les cultivateurs familiarisés avec la suppression de la jachère morte, avec les sarclages, avec des productions autres que le blé de saison, avec l'éducation, l'engrais des bestiaux, intervertiraient avec moins d'obstacles, moins de répugnance l'ordre actuel des soles, et arriveraient tous ensemble à l'assolement alterne basé sur la rotation quadriennale.

S'il n'en était pas ainsi, et qu'au bout des quinze premières années, l'assolement triennal fît toujours obstacle, et obligeât encore le cultivateur progressif à respecter l'ordre des soles ; nos tableaux d'assolement lui serviraient encore, en adoptant les légers changements que nous allons lui indiquer.

Au cas prévu, pour les terres fortes, on supprimerait la vesce de la quinzième année de rotation, pour la remplacer par l'œillette fumée de la seizième année.

Pour les terres sablonneuses, on supprimerait l'avoine de la quinzième année de rotation, pour la remplacer par la dravière et la betterave fumées de la seizième année.

Pour les terres craïeuses, on supprimerait l'avoine de la quinzième année de rotation.

Pour les terres siliceuses : on supprimerait les bisailles et dravière de la quinzième année de rotation.

De cette manière, on reviendrait à l'ordre des soles.

135. *De quelques Préjugés.*

La fertilité de la Flandre n'est pas due exclusivement à la bonté de ses terres.

La Flandre est assurément la contrée la mieux cultivée de France ; mais sa fertilité est-elle due entièrement à la bonté du sol ? on peut le dire, on peut le croire, mais cette opinion ne sera pas partagée par ceux qui connaissent bien ce pays.

La Flandre est un pays de basses plaines, moins accidenté que la plupart des autres provinces françaises, cela est vrai. Cependant, son sol est loin d'être partout également bon, comme bien des gens le disent, ou sont portés à le croire.

On y trouve toutes les espèces de terre, depuis la glaise, la craie, jusqu'au sable pur. Et pourtant, toutes ces terres sont fertiles. Cette fertilité tient donc à une autre cause qu'à la bonté du sol.

Le jugement et la patience sont des qualités qu'on remarque généralement chez les habitans du nord. Or, ces qualités ont fait comprendre aux Flamands depuis des siècles déjà, que la terre s'épuisait à produire, quand ses productions ne lui rendaient pas par leurs détritus la force dont elle a toujours besoin.

C'est pour avoir compris avant les autres, que les meilleurs alimens étant à l'usage de l'homme, et son estomac difficile n'absorbant pas comme celui des bestiaux tout ce que des aliments choisis ont de substantiel ; il devenait important de recueillir ses précieuses déjections sans exception et sans perte. Delà la disposition des lieux qui même chez les plus pauvres villageois flamands sont de véritables citernes. Les matières que recueillent ces citernes fréquemment enlevées n'éprouvant pas de perte par l'évaporation, et mêlées à des résidus d'huile, sont épandues à l'état liquide sur les champs qui n'ont pu recevoir d'autre fumier dans le courant de l'année.

Ces lieux indépendamment des matières fécales, reçoivent toutes les eaux grasses, et savonneuses du ménage.

Ainsi, tandis qu'ailleurs leur abandon est non seulement une perte pour l'agriculture, mais devient souvent une cause d'insalubrité en certaines saisons ; en Flandre, leur conservation est une cause de propreté, de salubrité en même temps que de prospérité agricole.

Aussi le cultivateur flamand à l'aide de cette ressource dont il connait tout le prix, ne suit-il à proprement parler aucun assolement.

Si on l'entend parfois se servir de ces mots, sole à blé, à mars, à jachère, c'est pour indiquer qu'il varie ses productions. Il y a longtemps qu'il ne sait plus ce que c'est qu'une improductive jachère !

En l'observant bien, on verra qu'il commence par calculer ce qu'il lui faut cultiver pour ses besoins personnels, pour la nourriture de ses bestiaux ; et il dispose ses terres en conséquence. Cela fait, sur la terre qui lui reste disponible, il s'attache à faire le plus d'argent qu'il peut. Pour y parvenir, il cherche la production la plus lucrative. Ainsi, il cultivera le chanvre, le lin, le colza, l'œillette de préférence au blé. En ce moment par exemple, il cultive la betterave à sucre, parce que cette récolte est avantageuse pour lui.

Partout ailleurs, le cultivateur se trouverait embarrassé ou plutôt serait souvent dans l'impossibilité de cultiver ces diverses plantes faute d'engrais, de fumier épandus en temps opportun. Le cultivateur flamand n'est arrêté par rien de semblable. Peut-il mettre en saison convenable du fumier, il en met. N'en a-t-il pas, cela ne semble pas l'inquiéter ; il a ses *tonneaux* comme il dit fort bien, en d'autres termes son engrais liquide dans lequel il jettera du tourteau, et le voilà en mesure de cultiver la plante qu'il considère comme la plus avantageuse. Sa seule attention est de ne pas mettre la même plante deux ans de suite sur la même terre.

D'après cela, il nous semlble permis de dire que la Flandre ne doit pas sa fertilité exclusivement à la bonté de son sol, mais bien aux engrais qui partout ailleurs perdus, sont recueillis chez elle avec soin de temps immémorial.

Nous avons vu il y a quelques années à moins d'une demi-lieue de Lille, dans une terre craïeuse qu'on dédaignerait de cultiver chez nous, du colza repiqué dont la tige avait au pied, près de deux pouces de diamètre.

Soyons-en persuadés, ce n'est pas la bonté de la terre qui manque généralement en France, ce qui manque, ce sont les qualitées qui distinguent les Flamands, c'est la constance, la patience et l'argent.

136. *Autre préjugé nuisible aux progrès agricoles.*

La considération devrait toujours s'attacher au cultivateur qui cultive peu et bien, et non à celui qui cultive beaucoup.

S'il y a des préjugés favorables à l'agriculture, il y en a qui lui sont bien contraires; et suivant que les uns ou les autres prévaudront dans une contrée, l'agriculture s'en ressentira en bien ou en mal.

En Belgique, par exemple, si un cultivateur s'informe d'un de ses confrères dont il a entendu parler. Cultive-t-il bien, demande-t-il tout d'abord? A-t-il beaucoup de bestiaux? La quantité de terre cultivée est la dernière chose qui l'intéresse. Pourquoi? Parce que là on sait que la prospérité de l'agriculteur ne consiste pas dans l'étendue de sa culture; mais bien dans la manière dont elle est menée. Parce que depuis longtemps l'expérience a appris aux Belges qu'il n'y a pas de bonne culture sans fumier, et pas de fumier sans bestiaux. Les plus grandes fermes de Belgique dépassent très-rarement 40 hectares ou 100 arpens, et elles possèdent autant de bestiaux qu'une ferme de quatre charrues chez nous. Là, chaque cultivateur semble avoir pour but de résoudre le problème que voici : Sur la plus petite surface donnée, obtenir la plus grande production possible. Aussi y voyons-nous la considération justement attachée à l'habileté du cultivateur, au nombre des bestiaux qu'il entretient relativement à l'étendue de sa culture, et cette considération être une cause constante de prospérité, d'aisance et de progrès agricoles.

Chez nous, au contraire, le préjugé est inverse. Un cultivateur veut-il se faire valoir, dit je fais valoir 50, 60, 100 journaux de terre à la sole. J'ai le labour de deux, de trois charrues. Mais combien fait-il de jachère ? Un tiers de ses terres, ou à peu près. Combien a-t-il de bestiaux ? Pas la moitié de ce qu'il lui faudrait. Combien dépense-t-il en sarclages, en engrais, en amendement ? Rien, ou presque rien.

Pour juger combien ce préjugé est préjudiciable, entrons dans quelques détails : 100 journaux de terre à la sole, font 300 journaux ou arpens simples. En déduisant de ces 300 arpens un tiers ou 100 arpens de terre en jachère, il en reste 200 cultivés. Ces 200 arpens cultivés ne donnent certainement pas une récolte supérieure à celle de 100 arpens cultivés chez les Belges.

Or, il faudrait que la terre fut louée chez eux, trois fois aussi cher que chez nous, pour qu'il y ait égalité dans le prix du fermage, et cette différence n'existe pas. Voyons maintenant la différence du travail.

Si nous avons une étendue triple de la leur à labourer, à préparer, il nous faudra plus de trois fois autant de bêtes de trait ; attendu que la maigreur de nos terres les rendant plus tenaces, nous employons quatre chevaux pour traîner une charrue. En Belgique, une charrue est ordinairement traînée par deux chevaux, et dans les momens de presse, dans les grands travaux des semailles, on attèle un cheval à un léger brabant, et par ce moyen, l'attelage d'une charrue de notre pays en conduirait là quatre.

Nous avons trois fois autant de surface à fumer, et notre peu de fumier est produit en grande partie par les chevaux, au lieu de l'être par des bêtes à corne. Nos nourritures sont donc consommées par des animaux qui se déprécient avec l'âge au lieu de gagner. Ainsi, nous perdons le lait, le beurre, les veaux qu'il ne nous est pas permis de faire. Nous dépensons plus en harnais, en instrumens aratoires, nous payons relativement bien plus de contributions, de fermage, nous prenons plus de peine, nous vivons plus mal, et tout cela pourquoi? parce que nous n'avons pas compris encore, qu'il ne s'agit pas de cultiver beaucoup de terre, mais d'en cultiver peu et bien, pour le faire avec profit.

137. *Raisonnement chiffré.*

Pour rendre plus sensible encore le raisonnement ci-dessus, établissons des chiffres. Il n'y a aucune exagération à dire qu'un cultivateur aisé, intelligent récoltera le double de son voisin. Cela se voit tous les jours chez nous. Voici la différence qui existera dans leur position respective.

Le premier dépensera pour un journal de blé par exemple.

25 francs de location, 5 fr. d'impôt, 30 fr. de frais de labour et de charroi de tout genre, 20 fr. de semence, 25 fr. de fumier, 10 fr. de moisson, 15 fr. de battage, 5 fr. de nettoiage de terre, en tout 135 fr.

Il récolte 12 hectolitres de blé à 20 fr. 240 fr.
Dépenses . . . 135
Bénéfice brut. . 105

Le second dépensera pour un journal de blé.

25 fr. de location, 5 fr. d'impôt, 30 fr. de frais de labour et de charroi de tout genre, 20 fr. de semence, 10 fr. de moisson 8 fr. de battage, en tout 98 fr.

Il récolte 6 hectolitres de blé à 20 fr. 120 fr.
Dépenses . . . 98
Bénéfice brut. . 22 fr.

En d'autres termes, le premier peut vendre son blé 12 fr. l'hectolitre, et avoir un léger bénéfice. Le second ne peut pas le vendre 16 fr. l'hectolitre sans perte.

Sans compter que celui-là récoltera le double de paille de ce dernier.

138. *Autre préjugé nuisible à la production agricole.*

L'intérêt général, de même que l'intérêt particulier gagneraient à ce que les ménagers restassent d'aisés locataires, plutôt qu'à devenir des propriétaires endettés ainsi qu'il arrive trop souvent. Examinons ce qui se passe.

Un ménager, un petit fermier pendant les premières années de son mariage, c'est-à-dire pendant le cours de son premier bail de neuf ans, ne pouvant être aidé de sa femme, dont les soins sont dûs aux enfants, fait ses affaires avec quelque peine. Sur la fin du second bail, s'il y a de l'ordre dans la maison, avec l'aide de sa famille, le ménager fait ordinairement quelques économies. Il parvient ainsi à économiser une couple de mille francs. S'il était sage, il n'emploierait même pas tout l'argent qu'il a ;

il acheterait au plus, une couple d'arpents de terre. Eh bien pas du tout. Il cherche un morceau de terre d'une valeur double et souvent plus que double de la somme qu'il possède ; et pourvu qu'on veuille bien lui faire crédit moyennant hypothèque pour moitié de la somme, il se mettra aisément d'accord sur le prix.

Il achètera, par exemple, un champ 4,000 fr., il donnera à compte ses 2,000 fr., puis il paiera, avec les frais hypothécaires, environ 120 fr. d'intérêt annuellement pour les 2,000 fr. restans. Il eût trouvé à louer un champ pareil à celui qu'il achète, moyennant un fermage annuel de 80 à 90 francs. Pour 100 fr. il est certain qu'il eût obtenu du propriétaire un bail de 18 à 20 ans. En ce cas, il eût conservé ses deux milles francs. Il en aurait consacré une partie, soit 600 fr. pour donner successivement trois bons fumiers à sa terre, il aurait ainsi doublé ses récoltes : il lui serait encore resté 1,400 fr. pour acheter des bestiaux, et maintenir toute sa culture sur un bon pied. Il aurait vendu et acheté à son aise. Eh bien non ! Il s'arrange de telle sorte qu'il paie annuellement 120 fr. d'intérêt pour une pièce de terre qu'il eût louée 100 fr. au plus. Il ne lui reste pas un sol pour la fumer, pour remplacer ses bestiaux. ses récoltes deviennent chétives, parce qu'il n'a plus les moyens de faire des avances en fumiers, en sarclages, à ses champs. N'est-il pas vrai que ses économies ainsi placées lui sont plus préjudiciables qu'utiles ? Et cette erreur serait-elle aussi générale que nous la voyons, si les baux avaient une durée de 18, 20 et 24 ans ? Nous ne le croyons pas. Sans doute, la gloriole d'être propriétaire pourrait bien entraîner quelques esprits faux dans cette voie de déception ; Mais la masse y résisterait.

Nous sommes convaincu que la plupart de nos petits fermiers emploieraient mieux leur argent, s'ils étaient assurés d'une longue jouissance des terres qu'ils tiennent à bail. S'ils ne craignaient pas sans cesse de payer au bout d'un court bail leurs propres améliorations. Nous sommes très-persuadé qu'ils achèteraient alors des bestiaux, de préférence à quelques coins de terre qui ne sont pour eux qu'une cause de gêne et de peines. L'intérêt général y gâgnerait assurément, puisque la production augmenterait : tandis que faute des capitaux si mal employés, l'agriculture laisse dans le sol une récolte égale à celle qu'elle tire ; et il lui en coûterait bien peu pour l'obtenir ! Plus de capitaux, plus d'instruction, une plus longue jouissance ; et les produits agricoles peuvent doubler en France : c'est une conviction acquise chez tous les hommes qui se sont occupés sérieusement d'agriculture.

FIN.

TABLE
DES MATIÈRES.

PREMIÈRE SECTION.

DEUXIÈME SECTION.

TROISIÈME SECTION.

QUATRIÈME SECTION.

CINQUIÈME SECTION.

SIXIÈME SECTION.

FIN DE LA TABLE.

ERRATUM.

Page 61, Semaille du Chanvre, *au lieu de :* 2 à 3 hectolitres de semence par journal ; *lisez :* par hectare ; ou bien 100 à 150 litres par journal.

Amiens. — Imp. de Duval et Herment.

TABLEAU D'ASSOLEMENT N.° 1 POUR LES TERRES FORTES.

Ce Tableau est dressé pour une exploitation de 30 hectares ou 70 journaux environ, dans laquelle 64 journaux classés par quatre suivent la culture alterne, tandis que six journaux de luzerne sont en prairie permanente.

La rotation est établie pour 16 ans. Les pièces de terre supposées d'inégale contenance y sont toutes ramenées à une égale répartition de 4 journaux.

ANNÉE de ROTATION.	NUMÉROS d'ordre.	CONTENANCE de chaque pièce.	1.re ANNÉE.	2.e ANNÉE.	3.e ANNÉE.	4.e ANNÉE.	5.e ANNÉE.	6.e ANNÉE.	7.e ANNÉE.	8.e ANNÉE.	9.e ANNÉE.	10.e ANNÉE.	11.e ANNÉE.	12.e ANNÉE.	13.e ANNÉE.	14.e ANNÉE.	15.e ANNÉE.	16.e ANNÉE.
1.re Année.	N.° 1 2 3	2 1 1	4 Blé et navets dérobés.	4 Avoine.	4 Colza repiqué et fumé ou chanvre.	4 Blé avec trèfle.	4 Trèfle.	4 { 2 Lin parqué. 2 Hyvernache.	4 Blé avec trèfle anglais dérobé.	4 { 2 Betterave fumée. 2 Pommes de ter. sur compost.	4 Féveroles 1/2 fumées.	4 Blé.	4 Avoine.	4 Colza repiqué et fumé.	4 Blé avec trèfle.	4 Trèfle.	4 Vesce.	4 Œillette fumée.
2.e Année.	N.° 4 5	3 1	4 Avoine.	4 Colza repiqué et fumé ou chanvre.	4 Blé avec trèfle.	4 Trèfle.	4 { 2 Lin. 2 Hyvernache.	4 Blé avec trèfle anglais dérobé.	4 { 2 Betterave fumée. 2 Pommes de ter. sur compost.	4 Féveroles 1/2 fumées.	4 Blé.	4 Avoine.	4 Colza repiqué et fumé.	4 Blé avec trèfle.	4 Trèfle.	4 Vesce.	4 Œillette fumée.	4 Blé et navets dérobés.
3.e Année.	N.° 6	4	4 Colza repiqué et fumé ou chanvre.	4 Blé avec trèfle.	4 Trèfle.	4 { 2 Lin. 2 Hyvernache.	4 Blé avec trèfle anglais dérobé.	4 { 2 Betterave fumée. 2 Pommes de ter. sur compost.	4 Féveroles 1/2 fumées.	4 Blé.	4 Avoine.	4 Colza repiqué et fumé.	4 Blé avec trèfle.	4 Trèfle.	4 Vesce.	4 Œillette fumée.	4 Blé et navets dérobés.	4 Avoine.
4.e Année.	N.° 7 8	2 2	4 Blé avec trèfle.	4 Trèfle.	4 { 2 Lin. 2 Hyvernache.	4 Blé avec trèfle anglais dérobé.	4 { 2 Betterave fumée. 2 Pommes de ter. sur compost.	4 Féveroles 1/2 fumées.	4 Blé.	4 Avoine.	4 Colza repiqué et fumé.	4 Blé avec trèfle.	4 Trèfle.	4 Vesce.	4 Œillette fumée.	4 Blé et navets dérobés.	4 Avoine.	4 Colza repiqué et fumé ou chanvre.
5.e Année.	N.° 9 10	1 3	4 Trèfle.	4 { 2 Lin. 2 Hyvernache.	4 Blé avec trèfle anglais dérobé.	4 { 2 Betterave fumée. 2 Pommes de ter. sur compost.	4 Féveroles 1/2 fumées.	4 Blé.	4 Avoine.	4 Colza repiqué et fumé.	4 Blé avec trèfle.	4 Trèfle.	4 Vesce.	4 Œillette fumée.	4 Blé et navets dérobés.	4 Avoine.	4 Colza repiqué et fumé ou chanvre.	4 Blé avec trèfle.
6.e Année.	N.° 11 12	2 2	4 { 2 Lin. 2 Hyvernache.	4 Blé avec trèfle anglais dérobé.	4 { 2 Betterave fumée. 2 Pommes de ter. sur compost.	4 Féveroles 1/2 fumées.	4 Blé.	4 Avoine.	4 Colza repiqué et fumé.	4 Blé avec trèfle.	4 Trèfle.	4 Vesce.	4 Œillette fumée.	4 Blé et navets dérobés.	4 Avoine.	4 Colza repiqué et fumé ou chanvre.	4 Blé avec trèfle.	4 Trèfle.
7.e Année.	N.° 13	4	4 Blé avec trèfle anglais dérobé.	4 { 2 Betterave fumée. 2 Pommes de ter. sur compost.	4 Féveroles 1/2 fumées.	4 Blé.	4 Avoine.	4 Colza repiqué et fumé.	4 Blé avec trèfle.	4 Trèfle.	4 Vesce.	4 Œillette fumée.	4 Blé et navets dérobés.	4 Avoine.	4 Colza repiqué et fumé ou chanvre.	4 Blé avec trèfle.	4 Trèfle.	4 { 2 Lin. 2 Hyvernache.
8.e Année.	N.° 14 15	3 1	4 { 2 Betterave fumée. 2 Pommes de ter. sur compost.	4 Féveroles 1/2 fumées.	4 Blé.	4 Avoine.	4 Colza repiqué et fumé.	4 Blé avec trèfle.	4 Trèfle.	4 Vesce.	4 Œillette fumée.	4 Blé et navets dérobés.	4 Avoine.	4 Colza repiqué et fumé ou chanvre.	4 Blé avec trèfle.	4 Trèfle.	4 { 2 Lin 2 Hyvernache.	4 Blé avec trèfle anglais dérobé.
9.e Année.	N.° 16 17	2 2	4 Féveroles 1/2 fumées.	4 Blé.	4 Avoine.	4 Colza repiqué et fumé.	4 Blé avec trèfle.	4 Trèfle.	4 Vesce.	4 Œillette fumée.	4 Blé et navets dérobés.	4 Avoine.	4 Colza repiqué et fumé ou chanvre.	4 Blé avec trèfle.	4 Trèfle.	4 { 2 Lin. 2 Hyvernache.	4 Blé avec trèfle anglais dérobé.	4 { 2 Betterave fumée. 2 Pommes de ter. sur compost.
10.e Année.	N.° 18 19 20	2 1 1	4 Blé.	4 Avoine.	4 Colza repiqué et fumé.	4 Blé avec trèfle.	4 Trèfle.	4 Vesce.	4 Œillette fumée.	4 Blé et navets dérobés.	4 Avoine.	4 Colza repiqué et fumé ou chanvre.	4 Blé avec trèfle.	4 Trèfle.	4 { 2 Lin. 2 Hyvernache.	4 Blé avec trèfle anglais dérobé.	4 { 2 Betterave fumée. 2 Pommes de ter. sur compost.	4 Féveroles 1/2 fumées.
11.e Année.	N.° 21	4	4 Avoine.	4 Colza repiqué et fumé.	4 Blé avec trèfle.	4 Trèfle.	4 Vesce.	4 Œillette fumée.	4 Blé et navets dérobés.	4 Avoine.	4 Colza repiqué et fumé ou chanvre.	4 Blé avec trèfle.	4 Trèfle.	4 { 2 Lin. 2 Hyvernache.	4 Blé avec trèfle anglais dérobé.	4 { 2 Betterave fumée. 2 Pommes de ter. sur compost.	4 Féveroles 1/2 fumées.	4 Blé.
12.e Année.	N.° 22 23	3 1	4 Colza repiqué et fumé.	4 Blé avec trèfle.	4 Trèfle.	4 Vesce.	4 Œillette fumée.	4 Blé et navets dérobés.	4 Avoine.	4 Colza repiqué et fumé ou chanvre.	4 Blé avec trèfle.	4 Trèfle.	4 { 2 Lin. 2 Hyvernache.	4 Blé avec trèfle anglais dérobé.	4 { 2 Betterave fumée. 2 Pommes de ter. sur compost.	4 Féveroles 1/2 fumées.	4 Blé.	4 Avoine.
13.e Année.	N.° 24 25	1 3	4 Blé avec trèfle.	4 Trèfle.	4 Vesce.	4 Œillette fumée.	4 Blé et navets dérobés.	4 Avoine.	4 Colza repiqué et fumé ou chanvre.	4 Blé avec trèfle.	2 Trèfle.	4 { 2 Lin. 2 Hyvernache.	4 Blé avec trèfle anglais dérobé.	4 { 2 Betterave fumée. 2 Pommes de ter. sur compost.	4 Féveroles 1/2 fumées.	4 Blé.	4 Avoine.	4 Colza repiqué et fumé.
14.e Année.	N.° 26 27 28	2 1 1	4 Trèfle.	4 Vesce.	4 Œillette fumée.	4 Blé et navets dérobés.	4 Avoine.	4 Colza repiqué et fumé ou chanvre.	4 Blé avec trèfle.	4 Trèfle.	4 { 2 Lin. 2 Hyvernache.	4 Blé avec trèfle anglais dérobé.	4 { 2 Betterave fumée. 2 Pommes de ter. sur compost.	4 Féveroles 1/2 fumées.	4 Blé.	4 Avoine.	4 Colza repiqué et fumé.	4 Blé avec trèfle.
15.e Année.	N.° 29	4	4 Vesce.	4 Œillette fumée.	4 Blé et navets dérobés.	4 Avoine.	4 Colza repiqué et fumé ou chanvre.	4 Blé avec trèfle.	4 Trèfle.	4 { 2 Lin. 2 Hyvernache.	4 Blé avec trèfle anglais dérobé.	4 { 2 Betterave fumée. 2 Pommes de ter. sur compost.	4 Féveroles 1/2 fumées.	4 Blé.	4 Avoine.	4 Colza repiqué et fumé.	4 Blé avec trèfle.	4 Trèfle.
16.e Année.	N.° 30 31 32 33	1 1 1 1	4 Œillette fumée.	4 Blé et navets dérobés.	4 Avoine.	4 Colza repiqué et fumé ou chanvre.	4 Blé avec trèfle.	4 Trèfle.	4 { 2 Lin. 2 Hyvernache.	4 Blé avec trèfle anglais dérobé.	4 { 2 Betterave fumée. 2 Pommes de ter. sur compost.	4 Féveroles 1/2 fumées.	4 Blé.	4 Avoine.	4 Colza repiqué et fumé.	4 Blé avec trèfle.	4 Trèfle.	4 Vesce.

TABLEAU D'ASSOLEMENT N.° 2 POUR LES TERRES LÉGÈRES, Sablonneuses

Ce tableau est dressé pour une exploitation de 30 hectares ou 70 journaux environ, dans laquelle 64 journaux classés par 4 suivent la culture alterne, tandis q six journaux de luzerne sont en prairie permanente.

La rotation est établie pour 16 ans. Les pièces de terre supposées d'inégale contenance, y sont toutes ramenées à une égale répartition de 4 journaux.

Année de rotation.	Numéros d'ordre.	Contenance de chaque pièce	1.re Année.	2.e Année.	3.e Année.	4.e Année.	5.e Année.	6.e Année.	7.e Année.	8.e Année.	9.e Année.	10.e Année.	11.e Année.	12.e Année.	13.e Année.	14.e Année.	15.e Année.	16.e Année.
1.re Année.	N.° 1 2 3	2 1 1	4 Seigle avec lentillon.	4 Pamelle avec trèfle et minette.	4 Trèfle mêlé de minette.	4 Blé méteil.	4 Pommes de terre fumées.	4 Sarrasin ou orge d'hiver.	4 Blé méteil parqué, navets dérobés.	4 Avoine.	4 {2 Bisaille. 2 Vesce fumées.	4 Seigle avec lentillon, trèfle anglais dérobé.	4 Pamelle.	4 Féverolles fumées.	4 Blé méteil avec minette.	4 Minette.	4 Avoine.	4 {2 Betteraves 2 Dravières fumées.
2.e Année.	N.° 4 5	3 1	4 Pamelle avec trèfle et minette.	4 Trèfle mêlé de minette.	4 Blé méteil.	4 Pommes de terre fumées.	4 Sarrasin ou scourgeon.	4 Blé méteil parqué, navets dérobés.	4 Avoine.	4 {2 Bisailles, 2 Vesce fumées.	4 Seigle avec lentillon, trèfle anglais dérobé.	4 Pamelle.	4 Féverolles fumées.	4 Blé méteil avec minette.	4 Minette.	4 Avoine.	4 {2 Betteraves 2 Dravières fumées.	4 Seigle avec lentillon.
3.e Année.	N.° 6	4	4 Trèfle mêlé de minette.	4 Blé méteil.	4 Pommes de terres fumées.	4 Sarrasin ou scourgeon	4 Blé méteil parqué, navets dérobés.	4 Avoine.	4 {2 Bisailles, 2 Vesce fumées.	4 Seigle avec lentillon, trèfle anglais dérobé.	4 Pamelle.	4 Féverolles fumées.	4 Blé méteil avec minette.	4 Minette.	4 Avoine.	4 {2 Betteraves 2 Dravières fumées.	4 Seigle avec lentillon.	4 Pamelle avec trèfle et minette.
4.e Année.	N.° 7 8	2 2	4 Blé méteil.	4 Pommes de terres fumées.	4 Sarrasin ou scourgeon.	4 Blé méteil parqué, navets dérobés.	4 Avoine.	4 {2 Bisaille, 2 Vesce fumées.	4 Seigle avec lentillon, trèfle anglais dérobé.	4 Pamelle.	4 Féverolles fumées.	4 Blé méteil avec minette.	4 Minette.	4 Avoine.	4 {2 Betteraves 2 Dravières fumées.	4 Seigle avec lentillon.	4 Pamelle avec trèfle et minette.	4 Trèfle mêlé de minette.
5.e Année.	N.° 9 10	1 3	4 Pommes de terre fumées.	4 Sarrasin ou scourgeon.	4 Blé méteil parqué, navets dérobés.	4 Avoine.	4 {2 Bisaille, 2 Vesce fumées.	4 Seigle avec lentillon, trèfle anglais dérobé.	4 Pamelle.	4 Féverolles fumées.	4 Blé méteil avec minette.	4 Minette.	4 Avoine.	4 {2 Betteraves 2 Dravières fumées.	4 Seigle avec lentillon.	4 Pamelle avec trèfle et minette.	4 Trèfle mêlé de minette.	4 Blé méteil.
6.e Année.	N.° 11 12	2 2	4 Sarrasin ou scourgeon.	4 Blé méteil parqué, navets dérobés.	4 Avoine.	4 {2 Bisaille, 2 Vesce fumées.	4 Seigle avec lentillon, trèfle anglais dérobé.	4 Pamelle.	4 Féverolles fumées.	4 Blé méteil avec minette.	4 Minette.	4 Avoine.	4 {2 Betteraves 2 Dravières fumées.	4 Seigle avec lentillon.	3 Pamelle avec trèfle et minette.	4 Trèfle mêlé de minette.	4 Blé méteil.	4 Pommes de terre fumées.
7.e Année.	N.° 13	4	4 Blé méteil parqué, navets dérobés.	4 Avoine.	4 {2 Bisaille, 2 Vesce fumées.	4 Seigle avec lentillon, trèfle anglais dérobé.	4 Pamelle.	4 Féverolles fumées.	4 Blé méteil avec minette.	4 Minette.	4 Avoine.	4 {2 Betteraves 2 Dravières fumées.	4 Seigle avec lentillon.	4 Pamelle avec trèfle et minette.	4 Trèfle mêlé de minette.	4 Blé méteil.	4 Pommes de terre fumées.	4 Sarrasin ou scourgeon.
8.e Année.	N.° 14 15	3 1	4 Avoine.	4 {2 Bisaille, 2 Vesce fumées.	4 Seigle avec lentillon, trèfle anglais dérobé.	4 Pamelle.	4 Féverolles fumées.	4 Blé méteil avec minette.	4 Minette.	4 Avoine.	4 {2 Betteraves 2 Dravières fumées.	4 Seigle avec lentillon.	4 Pamelle avec trèfle et minette.	4 Trèfle mêlé de minette.	4 Blé méteil.	2 Pommes de terre fumées.	4 Sarrasin ou scourgeon.	4 Blé méteil parqué, navets dérobés.
9.e Année.	N.° 16 17	2 2	4 {2 Bisaille, 2 Vesce fumées.	4 Seigle avec lentillon, trèfle anglais dérobé	4 Pamelle.	4 Féverolles fumées.	4 Blé méteil avec minette.	4 Minette.	4 Avoine.	4 {2 Betteraves 2 Dravières fumées.	4 Seigle avec lentillon.	4 Pamelle avec trèfle et minette.	4 Trèfle mêlé de minette.	4 Blé méteil.	4 Pommes de terre fumées.	4 Sarrasin ou scourgeon.	4 Blé méteil parqué, navets dérobés.	4 Avoine.
10.e Année.	N.° 18 19 20	2 1 1	4 Seigle avec lentillon, trèfle anglais dérobé	4 Pamelle.	4 Féverolles fumées.	4 Blé méteil avec minette.	4 Minette.	4 Avoine.	4 {2 Betteraves 2 Dravières fumées.	4 Seigle avec lentillon.	4 Pamelle avec trèfle et minette.	4 Trèfle mêlé de minette.	4 Blé méteil.	4 Pommes de terre fumées.	4 Sarrasin ou scourgeon.	4 Blé méteil parqué, navets dérobés.	4 Avoine.	4 {2 Bisaille, 2 Vesce fumées.
11.e Année.	N.° 21	4	4 Pamelle.	4 Féverolles fumées.	4 Blé méteil avec minette.	4 Minette.	4 Avoine.	4 {2 Betteraves 2 Dravières fumées.	4 Seigle avec lentillon.	4 Pamelle avec trèfle et minette.	4 Trèfle mêlé de minette.	4 Blé méteil.	4 Pommes de terre fumées.	4 Sarrasin ou scourgeon.	4 Blé méteil parqué, navets dérobés.	4 Avoine.	4 {2 Bisaille, 2 Vesce fumées.	4 Seigle avec lentillon, trèfle anglais dérobé.
12.e Année.	N.° 22 23	3 1	4 Féveroles fumées.	4 Blé méteil avec minette.	4 Minette.	4 Avoine.	4 {2 Betteraves 2 Dravières fumées.	4 Seigle avec lentillon.	4 Pamelle avec trèfle et minette.	4 Trèfle mêlé de minette.	4 Blé méteil.	4 Pommes de terre fumées.	4 Sarrasin ou scourgeon.	4 Blé méteil parqué, navets dérobés.	Avoine.	4 {2 Bisailles, 2 Vesce fumées.	4 Seigle avec lentillon, trèfle anglais dérobé.	4 Pamelle.
13.e Année.	N.° 24 25	1 3	4 Blé méteil avec minette.	4 Minette.	4 Avoine.	4 {2 Betteraves 2 Dravières fumées.	4 Seigle avec lentillon.	4 Pamelle avec trèfle et minette.	4 Trèfle mêlé de minette.	4 Blé méteil.	4 Pommes de terre fumées.	4 Sarrasin ou scourgeon.	4 Blé méteil parqué, navets dérobés.	4 Avoine.	4 {2 Bisailles, 2 Vesce fumées.	4 Seigle avec lentillon, trèfle anglais dérobé.	4 Pamelle.	4 Féverolles fumées.
14.e Année.	N.° 26 27 28	2 1 1	4 Minette.	4 Avoine.	4 {2 Betteraves 2 Dravières fumées.	4 Seigle avec lentillon.	4 Pamelle avec trèfle et minette.	4 Trèfle mêlé de minette.	4 Blé méteil.	4 Pommes de terre fumées.	4 Sarrasin ou scourgeon.	4 Blé méteil parqué, navets dérobés.	4 Avoine.	4 {2 Bisailles, 2 Vesce fumées.	4 Seigle avec lentillon, trèfle anglais dérobé.	4 Pamelle.	4 Féverolles fumées.	4 Blé méteil avec minette.
15.e Année.	N.° 29	4	4 Avoine.	4 {2 Betteraves 2 Dravières fumées.	4 Seigle avec lentillon.	4 Pamelle avec trèfle et minette.	4 Trèfle mêlé de minette.	4 Blé méteil.	4 Pommes de terre fumées.	4 Sarrasin ou scourgeon.	4 Blé méteil parqué, navets dérobés.	4 Avoine.	4 {2 Bisailles, 2 Vesce fumées.	4 Seigle avec lentillon, trèfle anglais dérobé.	4 Pamelle.	4 Féverolles fumées.	4 Blé méteil avec minette.	4 Minette.
16.e Année.	N.° 30 31 32 33	1 1 1 1	4 {2 Betteraves 2 Dravières fumées.	4 Seigle avec lentillon.	4 Pamelle avec trèfle et minette.	4 Trèfle mêlé de minette.	4 Blé méteil.	4 Pommes de terre fumées.	4 Sarrasin ou scourgeon.	4 Blé méteil parqué, navets dérobés.	4 Avoine.	4 {2 Bisailles, 2 Vesce fumées.	4 Seigle avec lentillon, trèfle anglais dérobé.	4 Pamelle.	4 Féverolles fumées.	4 Blé méteil avec minette.	4 Minette.	4 Avoine.

TABLEAU D'ASSOLEMENT N.° 3 POUR LES TERRES CRAIEUSES.

Ce Tableau est dressé pour une exploitation de 30 hectares ou 70 journaux environ, dans laquelle 64 journaux classés par quatre suivent la culture alterne, tandis que six journaux de sain-foin sont en prairie permanente.

La rotation est établie pour 16 ans. Les pièces de terre supposées d'inégale contenance, y sont toutes ramenées à une égale répartition de 4 journaux.

ANNÉE de ROTATION.	NUMÉROS D'ORDRE.	CONTENANCE de chaque pièce.	1.re ANNÉE.	2.e ANNÉE.	3.e ANNÉE.	4.e ANNÉE.	5.e ANNÉE.	6.e ANNÉE.	7.e ANNÉE.	8.e ANNÉE.	9.e ANNÉE.	10.e ANNÉE.	11.e ANNÉE.	12.e ANNÉE.	13.e ANNÉE.	14.e ANNÉE.	15.e ANNÉE.	16.e ANNÉE.
1.re ANNÉE.	N.° 1 2 3	2 1 1	4 Seigle avec trèfle mêlé de minette.	4 Trèfle mêlé de minette.	4 Pommes de terre fumées.	4 Blé méteil avec lentillon.	4 2 Topinambourg. 2 Pamelle.	4 Dravière fumée.	4 Blé méteil avec trèfle et minette.	4 Trèfle mêlé de minette	4 2 Bisaille. 2 Gesse sarclées avec compost.	4 Seigle parqué. navets dérobés.	4 Avoine.	4 Féveroles sarclées fumées.	4 Blé méteil avec minette.	4 Minette.	4 Avoine.	4 Pommes de terre fumées.
2.e ANNÉE.	N.° 4 5	3 1	4 Trèfle mêlé de minette.	4 Pommes de terre fumées.	4 Blé méteil avec lentillon.	4 2 Topinambourg. 2 Pamelle.	4 Dravière fumée.	4 Blé méteil avec trèfle et minette	4 Trèfle mêlé de minette.	4 2 Bisaille. 2 Gesse sarclées.	4 Seigle parqué. navets dérobés	4 Avoine.	4 Féveroles sarclées fumées.	4 Blé méteil avec minette.	4 Minette.	4 Avoine.	4 Pommes de terre fumées.	4 Seigle avec trèfle m lé de minette.
3.e ANNÉE.	N.° 6	4	4 Pommes de terre fumées.	4 Blé méteil avec lentillon.	4 2 Topinambourg. 2 Pamelle.	4 Dravière fumée.	4 Blé méteil avec trèfle et minette.	4 Trèfle mêlé de minette.	4 2 Bisaille. 2 Gesse sarclées.	4 Seigle parqué. navets dérobés.	4 Avoine.	4 Féveroles sarclées fumées.	4 Blé méteil avec minette.	4 Minetto.	4 Avoine.	2 Pommes de terre fumées.	4 Seigle avec trèfle mêlé de minette.	4 Trèfle mêlé de minette.
4.e ANNÉE.	N.° 7 8	2 2	4 Blé méteil avec lentillon.	4 2 Topinambourg 2 Pamelle.	4 Dravière fumée.	4 Blé méteil avec trèfle et minette.	4 Trèfle mêlé de minette.	4 2 Bisaille. 2 Gesse sarclées.	4 Seigle parqué. navets dérobés.	4 Avoine.	4 Féveroles sarclées fumées.	4 Blé méteil avec minette.	4 Minette.	4 Avoine.	4 Pommes de terre fumées.	4 Seigle avec trèfle mêlé de minette.	4 Trèfle mêlé de minette	4 Pommes de terre fumées.
5.e ANNÉE.	N.° 9 10	1 3	4 2 Topinambourg. 2 Pamelle.	4 Dravière fumée.	4 Blé méteil avec trèfle et minette.	4 Trèfle mêlé de minette	4 2 Bisaille. 2 Gesse sarclées.	4 Seigle parqué. navets dérobés.	4 Avoine.	4 Féveroles sarclées fumées.	4 Blé méteil avec minette.	4 Minette.	4 Avoine.	4 Pommes de terre fumées.	4 Seigle avec trèfle mêlé de minette.	4 Trèfle mêlé de minette.	4 Pommes de terre fumées.	4 Blé méteil avec lentillon.
6.e ANNÉE.	N.° 11 12	2 2	4 Dravière fumée.	4 Blé méteil avec trèfle et minette.	4 Trèfle mêlé de minette.	4 2 Bisaille. 2 Gesse sarclées.	4 Seigle parqué. navets dérobés.	4 Avoine.	4 Féveroles sarclées fumées.	4 Blé méteil avec minette.	4 Minette.	4 Avoine.	4 Pommes de terre fumées.	4 Seigle avec trèfle mêlé de minette.	4 Trèfle mêlé de minette.	4 Pommes de terre fumées.	4 Blé méteil avec lentillon	4 2 Topinambourg. 2 Pamelle.
7.e ANNÉE.	N.° 13	4	4 Blé méteil avec trèfle et minette.	4 Trèfle mêlé de minette.	4 2 Bisaille. 2 Gesse sarclées.	4 Seigle parqué. navets dérobés.	4 Avoine.	4 Féveroles sarclées fumées.	4 Blé méteil avec minette.	4 Minette.	4 Avoine.	4 Pommes de terre fumées.	4 Seigle avec trèfle mêlé de minette.	4 Trèfle mêlé de minette.	4 Pommes de terre fumées.	4 Blé méteil avec lentillon.	4 2 Topinambourg. 2 Pamelle.	4 Dravière fumée.
8.e ANNÉE.	N.° 14 15	3 1	4 Trèfle mêlé de minette	4 2 Bisaille. 2 Gesse sarclées.	4 Seigle parqué. navets dérobés.	4 Avoine.	4 Féveroles sarclées fumées.	4 Blé méteil avec minette.	4 Minette.	4 Avoine.	4 Pommes de terre fumées.	4 Seigle avec trèfle mêlé de minette.	4 Trèfle mêlé de minette.	4 Pommes de terre fumées.	4 Blé méteil avec lentillon.	4 2 Topinambourg. 2 Pamelle.	4 Dravière fumée.	4 Blé méteil avec trèfle et minette.
9.e ANNÉE.	N.° 16 17	2 2	4 2 Bisaille. 2 Gesse sarclées.	4 Seigle parqué. navets dérobés.	4 Avoine.	4 Féveroles sarclées fumées.	4 Blé méteil avec minette.	4 Minette.	4 Avoine.	4 Pommes de terre fumées.	4 Seigle avec trèfle mêlé de minette	4 Trèfle mêlé de minette.	4 Pommes de terre fumées.	4 Blé méteil avec lentillon.	4 2 Topinambourg. 2 Pamelle.	4 Dravière fumée.	4 Blé méteil avec trèfle et minette.	4 Trèfle mêlé de minette.
10.e ANNÉE.	N.° 18 19 20	2 1 1	4 Seigle parqué. navets dérobés.	4 Avoine.	4 Féveroles sarclées fumées.	4 Blé méteil avec minette.	4 Minette.	4 Avoine.	4 Pommes de terre fumées.	4 Seigle avec trèfle mêlé de minette.	4 Trèfle mêlé de minette.	4 Pommes de terre fumées.	4 Blé méteil avec lentillon.	4 2 Topinambourg. 2 Pamelle.	4 Dravière fumée.	4 Blé méteil avec trèfle et minette.	4 Trèfle mêlé de minette.	4 2 Bisaille. 2 Gesse sarclées.
11.e ANNÉE.	N.° 21	4	4 Avoine.	4 Féveroles sarclées fumées.	4 Blé méteil avec minette.	4 Minette.	4 Avoine.	4 Pommes de terre fumées.	4 Seigle avec trèfle mêlé de minette	4 Trèfle mêlé de minette.	4 Pommes de terre fumées.	4 Blé méteil avec lentillon.	4 2 Topinambourg. 2 Pamelle.	4 Dravière fumée.	4 Blé méteil avec trèfle et minette.	4 Trèfle mêlé de minette.	4 2 Bisaille. 2 Gesso sarclées.	4 Seigle parqué. navets dérobés.
12.e ANNÉE.	N.° 22 23	3 1	4 Féveroles sarclées fumées.	4 Blé méteil avec minette.	4 Minette.	4 Avoine.	4 Pommes de terre fumées.	4 Seigle avec trèfle m l de minette.	4 Trèfle mêlé de minette.	4 Pommes de terre fumées.	4 Blé méteil avec lentillon.	4 2 Topinambourg. 2 Pamelle.	4 Dravière fumée.	4 Blé méteil avec trèfle et minette.	4 Trèfle mêlé de minette.	4 2 Bisaille. 2 Gesse sarclées.	4 Seigle parqué. navets dérobés.	4 Avoine.
13.e ANNÉE.	N.° 24 25	1 3	4 Blé méteil avec minette.	4 Minette.	4 Avoine.	4 Pommes de terre fumées.	4 Seigle avec trèfle mêlé de minette.	4 Trèfle mêlé de minette.	4 Pommes de terre fumées.	4 Blé méteil avec lentillon.	4 2 Topinambourg. 2 Pamelle.	4 Dravière fumée.	4 Blé méteil avec trèfle et minette.	4 Trèfle mêlé de minette.	4 2 Bisaille. 2 Gesse sarclées.	4 Seigle parqué. navets dérobés.	4 Avoine.	4 Féveroles sarclées fumées.
14.e ANNÉE.	N.° 26 27 28	2 1 1	4 Minette.	4 Avoine.	4 Pommes de terre fumées.	4 Seigle avec trèfle mêlé de minette.	4 Trèfle mêlé de minette.	4 Pommes de terre fumées.	4 Blé méteil avec lentillon	4 2 Topinambourg. 2 Pamelle.	4 Dravière fumée.	4 Blé méteil avec trèfle et minette.	4 Trèfle mêlé de minette.	4 2 Bisaille. 2 Gesse sarclées.	4 Seigle parqué. navets dérobés.	4 Avoine.	4 Féveroles sarclées fumées.	4 Blé méteil avec minette.
15.e ANNÉE.	N.° 29	4	4 Avoine.	4 Pommes de terre fumées.	4 Seigle avec trèfle mêlé de minette.	4 Trèfle mêlé de minette.	4 Pommes de terre fumées.	4 Blé méteil avec lentillon.	4 2 Topinambourg. 2 Pamelle.	4 Dravière fumée.	4 Blé méteil avec trèfle et minette.	4 Trèfle mêlé de minette.	4 2 Bisille. 2 Gesse sarclées.	4 Seigle parqué. navets dérobés.	4 Avoine.	4 Féveroles sarclées fumées.	4 Blé méteil avec minette.	4 Minette.
16.e ANNÉE.	N.° 30 31 32 33	1 1 1 1	4 Pommes de terre fumées.	4 Seigle avec trèfle mêlé de minette.	4 Trèfle mêlé de minette.	4 Pommes de terre fumées.	4 Blé méteil avec lentillon.	4 2 Topinambourg. 2 Pamelle.	4 Dravière fumée.	4 Blé méteil avec trèfle et minette.	4 Trèfle mêlé de minette	4 2 Bisaille. 2 Gesse sarclées.	4 Seigle parqué navets dérobés.	4 Avoine.	4 Féveroles sarclées fumées.	4 Blé méteil avec minette.	4 Minette.	4 Avoine.

TABLEAU D'ASSOLEMENT N.° 4 POUR LES TERRES A CAILLOUX.

Ce tableau est dressé pour une exploitation de 30 hectares ou 70 journaux environ, dans laquelle 64 journaux classés par 4 suivent la culture alterne, tandis que six journaux de luzerne melée de sain-foin sont en prairie permanente.

La rotation est établie pour 16 ans. Les pièces de terre supposées d'inégale contenance, y sont toutes ramenées à une égale répartition de 4 journaux.

ANNÉE de ROTATION.	NUMÉROS D'ORDRE.	CONTENANCE de chaque pièce	1.re ANNÉE.	2.e ANNÉE.	3.e ANNÉE.	4.e ANNÉE.	5.e ANNÉE.	6.e ANNÉE.	7.e ANNÉE.	8.e ANNÉE.	9.e ANNÉE.	10.e ANNÉE.	11.e ANNÉE.	12.e ANNÉE.	13.e ANNÉE.	14.e ANNÉE.	15.e ANNÉE.	16.e ANNÉE.
1.re Année.	N.° 1 2 3	2 1 1	4 Blé avec trèfle.	4 Trèfle.	4 {2 Betterave. {2 Œillette ou lin fumé.	4 Blé et navets dérobés.	4 Avoine.	4 Colza repiqué et fumé.	4 Blé avec trèfle.	4 Trèfle.	4 Hyvernache.	4 Blé parqué.	4 Avoine.	4 Féveroles sarclées fumées.	4 Blé trèfle anglais.	4 Pommes de ter. sur compost	4 {2 Bisaille. {2 Dravière.	4 Colza repiqué et fumé.
2.e Année.	N.° 4 5	3 1	4 Trèfle	4 {2 Betterave. {2 Œillette ou lin fumé.	4 Blé et navets dérobés.	4 Avoine.	4 Colza repiqué et fumé	4 Blé avec trèfle.	4 Trèfle.	4 Hyvernache.	4 Blé parqué.	4 Avoine.	4 Féveroles sarclées fumées.	4 Blé trèfle anglais.	4 Pommes de ter. sur compost	4 {2 Bisaille. {2 Dravière.	4 Colza repiqué et fumé.	4 Blé avec trèfle.
3.e Année.	N.° 6	4	4 {2 Betterave. {2 Œillette ou lin fumé.	4 Blé et navets dérobés.	4 Avoine.	4 Colza repiqué et fumé.	4 Blé avec trèfle.	4 Trèfle.	4 Hyvernache.	4 Blé parqué.	4 Avoine.	4 Féveroles sarclées fumées.	4 Blé trèfle anglais.	4 Pommes de ter. sur compost	4 {2 Bisaille. {2 Dravière.	4 Colza repiqué et fumé.	4 Blé avec trèfle.	4 Trèfle.
4.e Année.	N.° 7 8	2 2	4 Blé et navets dérobés.	4 Avoine.	4 Colza repiqué et fumé.	4 Blé avec trèfle.	4 Trèfle.	4 Hyvernache.	4 Blé parqué.	4 Avoine.	4 Féveroles sarclées fumées	4 Blé trèfle anglais.	4 Pommes de ter. sur compost	4 {2 Bisaille. {2 Dravière.	4 Colza repiqué et fumé.	4 Blé avec trèfle.	4 Trèfle.	4 {2 Betterave. {2 Œillette ou lin fumé.
5.e Année.	N.° 9 10	1 3	4 Avoine.	4 Colza repiqué et fumé.	4 Blé avec trèfle.	4 Trèfle.	4 Hyvernache.	4 Blé parqué.	4 Avoine.	4 Féveroles sarclées fumées	4 Blé trèfle anglais.	4 Pommes de ter. sur compost	4 {2 Bisaille. {2 Dravière.	4 Colza repiqué et fumé.	4 Blé avec trèfle.	4 Trèfle.	4 {2 Betterave. {2 Œillette ou lin fumé.	4 Blé et navets dérobés.
6.e Année.	N.° 11 12	2 2	4 Colza repiqué et fumé	4 Blé avec trèfle.	4 Trèfle.	4 Hyvernache.	4 Blé parqué.	4 Avoine.	4 Féveroles sarclées fumées	4 Blé trèfle anglais.	4 Pommes de ter. sur compost	4 {2 Bisaille. {2 Dravière.	4 Colza repiqué et fumé.	4 Blé avec trèfle.	4 Trèfle.	4 {2 Betterave. {2 Œillette ou lin fumé	4 Blé et navets dérobés.	4 Avoine.
7.e Année.	N.° 13	4	4 Blé avec trèfle	4 Trèfle.	4 Hyvernache.	4 Blé parqué.	4 Avoine.	4 Féveroles sarclées fumées.	4 Blé trèfle anglais.	4 Pommes de ter. sur compost	4 {2 Bisaille. {2 Dravière.	4 Colza repiqué et fumé.	4 Blé avec trèfle.	4 Trèfle.	4 {2 Betterave. {2 Œillette ou lin fumé.	4 Blé et navets dérobés.	4 Avoine.	4 Colza repiqué et fumé
8.e Année.	N.° 14 15	3 1	4 Trèfle.	4 Hivernache.	4 Blé parqué.	4 Avoine.	4 Féveroles sarclées fumées	4 Blé trèfle anglais.	4 Pommes de ter. sur compost	4 {2 Bisaille. {2 Dravière.	4 Colza repiqué et fumé.	4 Blé avec trèfle.	4 Trèfle.	4 {2 Betterave {2 Œillette ou lin fumé.	4 Blé et navets dérobés.	4 Avoine.	4 Colza repiqué et fumé	4 Blé avec trèfle.
9.e Année.	N.° 16 17	2 2	4 Hyvernache.	4 Blé parqué.	4 Avoine.	4 Féveroles sarclées fumées.	4 Blé trèfle anglais.	4 Pommes de ter. sur compost	4 {2 Bisaille. {2 Dravière.	4 Colza repiqué et fumé.	4 Blé avec trèfle	4 Trèfle.	4 {2 Betterave. {2 Œillette ou lin fumé.	4 Blé et navets dérobés.	4 Avoine.	4 Colza repiqué et fumé	4 Blé avec trèfle.	4 Trèfle.
10.e Année.	N.° 18 19 20	2 1 1	4 Blé parqué.	4 Avoine.	4 Féveroles sarclées fumées.	4 Blé trèfle anglais	4 Pommes de ter. sur compost	4 {2 Bisaille. {2 Dravière.	4 Colza repiqué et fumé	4 Blé avec trèfle.	4 Trèfle.	4 {2 Betterave. {2 Œillette ou lin fumé.	4 Blé et navets dérobés.	4 Avoine.	4 Colza repiqué et fumé	4 Blé avec trèfle.	4 Trèfle.	4 Hyvernache.
11.e Année.	N.° 21	4	4 Avoine.	4 Féveroles sarclées fumées.	4 Blé trèfle anglais.	4 Pommes de ter. sur compost	4 {2 Bisaille. {2 Dravière.	4 Colza repiqué et fumé	4 Blé avec trèfle.	4 Trèfle.	4 {2 Betterave. {2 Œillette ou lin fumé.	4 Blé et navets dérobés.	4 Avoine.	4 Colza repiqué et fumé	4 Blé avec trèfle.	4 Trèfle.	4 Hyvernache.	4 Blé parqué.
12.e Année.	N.° 22 23	3 1	4 Féveroles sarclées fumées.	4 Blé trèfle anglais	4 Pommes de ter. sur compost	4 {2 Bisaille. {2 Dravière.	4 Colza repiqué et fumé.	4 Blé avec trèfle.	4 Trèfle.	4 {2 Betterave. {2 Œillette ou lin fumé.	4 Blé et navets dérobés	4 Avoine.	4 Colza repiqué et fumé	4 Blé avec trèfle.	4 Trèfle.	4 Hyvernache.	4 Blé parqué.	4 Avoine.
13.e Année.	N.° 24 25	1 3	4 Blé trèfle anglais	4 Pommes de ter. sur compost	4 {2 Bisaille. {2 Dravière.	4 Colza repiqué et fumé	4 Blé avec trèfle.	4 Trèfle.	4 {2 Betterave. {2 Œillette ou lin fumé.	4 Blé et navets dérobés.	4 Avoine.	4 Colza repiqué et fumé	4 Blé avec trèfle.	4 Trèfle.	4 Hyvernache.	4 Blé parqué.	4 Avoine.	4 Féveroles sarclées fumées.
14.e Année.	N.° 26 27 28	2 1 1	4 Pommes de ter. sur compost	4 {2 Bisaille. {2 Dravière.	4 Colza repiqué et fumé	4 Blé avec trèfle.	4 Trèfle.	4 {2 Betterave. {2 Œillette ou lin fumé.	4 Blé et navets dérobés.	4 Avoine.	4 Colza repiqué et fumé	4 Blé avec trèfle.	4 Trèfle.	4 Hyvernache.	4 Blé parqué.	4 Avoine.	4 Féveroles sarclées fumées.	4 Blé trèfle anglais.
15.e Année.	N.° 29	4	4 {2 Bisaille. {2 Dravière.	4 Colza repiqué et fumé	4 Blé avec trèfle.	4 Trèfle.	4 {2 Betterave {2 Œillette ou lin fumé.	4 Blé et navets dérobés.	4 Avoine.	4 Colza repiqué et fumé	4 Blé avec trèfle.	4 Trèfle.	4 Hyvernache.	4 Blé parqué.	4 Avoine.	4 Féveroles sarclées fumées.	4 Blé trèfle anglais.	4 Pommes de ter. sur compost
16.e Année.	N.° 30 31 32 33	1 1 1 1	4 Colza repiqué et fumé.	4 Blé avec trèfle.	4 Trèfle.	4 {2 Betterave. {2 Œillette ou lin fumé.	4 Blé et navets dérobés.	4 Avoine.	4 Colza repiqué et fumé	4 Blé avec trèfle.	4 Trèfle.	4 Hyvernache.	4 Blé parqué.	4 Avoine.	4 Féveroles sarclées fumées.	4 Blé trèfle anglais.	4 Pommes de ter. sur compost	4 {2 Bisaille. {2 Dravière.

www.ingramcontent.com/pod-product-compliance
Ingram Content Group UK Ltd.
Pitfield, Milton Keynes, MK11 3LW, UK
UKHW020552180726
13838UKWH00001B/198